江西省哲学社会科学重点研究基地项目（14SKJD23）
江西理工大学优秀学术著作出版基金资助

赣州稀有金属产业
发展策略及政策支持研究

张晓青　编著

北　京
冶金工业出版社
2017

内 容 提 要

本书全面系统地研究了"世界钨都"和"稀土之乡"——赣州的稀有金属产业发展现状。全书共分4篇,介绍了钨钼钴锡、稀土及稀有金属产业概况,赣州稀有金属产业现状,资源地稀有金属产业转型升级策略以及赣州稀有金属产业发展策略及政策支持等内容。

本书可供稀有金属产业相关研究人员、高校师生、政府和企业决策人士等阅读参考。

图书在版编目(CIP)数据

赣州稀有金属产业发展策略及政策支持研究/张晓青编著 . —北京:冶金工业出版社,2017.3
ISBN 978-7-5024-7484-3

Ⅰ.①赣… Ⅱ.①张… Ⅲ.①稀有金属—产业发展—研究—赣州 Ⅳ.①F426.3

中国版本图书馆 CIP 数据核字(2017)第 063347 号

出 版 人 谭学余
地　　址　北京市东城区嵩祝院北巷 39 号　邮编　100009　电话　(010)64027926
网　　址　www.cnmip.com.cn　电子信箱　yjcbs@cnmip.com.cn
责任编辑　曾　媛　美术编辑　吕欣童　版式设计　孙跃红
责任校对　卿文春　责任印制　牛晓波
ISBN 978-7-5024-7484-3
冶金工业出版社出版发行;各地新华书店经销;固安华明印业有限公司印刷
2017 年 3 月第 1 版,2017 年 3 月第 1 次印刷
169mm×239mm;7.5 印张;142 千字;109 页
38.00 元

冶金工业出版社　投稿电话　(010)64027932　投稿信箱　tougao@cnmip.com.cn
冶金工业出版社营销中心　电话　(010)64044283　传真　(010)64027893
冶金书店　地址　北京市东四西大街 46 号(100010)　电话　(010)65289081(兼传真)
冶金工业出版社天猫旗舰店　yjgycbs.tmall.com
　　　　　　(本书如有印装质量问题,本社营销中心负责退换)

前　言

稀有金属，也称为"工业味精"，在军工、航空航天和新兴产业中，作为工业生产的添加剂，能极大地改善材料性能，因此，被列为重要的战略资源。近年来，国家出台了一系列政策和措施，对我国的稀有金属资源进行保护性开采和限制性出口。

赣州被誉为"世界钨都"和"稀土王国"，以钨和稀土为重点的稀有金属资源在国内外占有重要地位。经过几十年的建设，赣州的稀土和钨业具有系统的、完整的工业体系。通过采选、冶炼、分离技术以及装备制造、材料加工，已初步建成为国家重要的钨、钼、钴、锡的生产加工基地。钨和稀土出口为我国的经济发展、地方 GDP 增长及高科技产业发展做出了突出贡献。

尽管如此，赣州稀有金属产业的资源优势并未升级为产业优势和经济优势。整合后的赣州稀有金属产业在资源控制上取得了进展，但产业的转型升级和可持续发展尚待解决。从 2013 年开始，受宏观经济增速减缓及生产分配比例有限的影响，赣州市稀土和钨企业前进阻力增大。在地方产业政策的制定、避免开采混乱、调整产业结构等方面都面临亟需解决的问题。

赣州市政府落实《国务院关于支持赣南等原中央苏区振兴发展的若干意见》，提出建设"全国稀有金属产业基地"这一战略目标后，对稀土产业发展进行了规划，该规划偏重于工程技术领域，对其他的稀有金属的规划尚有欠缺。赣州经济发展较为落后，又是革命老区，采用什么样的政策支持特殊区域快速发展特殊产业，有现实的政策需求；赣州稀有金属产业发展如何与国家战略需求、地方经济发展相协调，其现实意义巨大。对特殊产业的发展如何进行限制和激励，是产业规制理论的创新探索。

　　因此，本书试图在赣州稀有金属产业发展策略和政策支持方面，做些更为系统、完整和前瞻性的研究。无论对落实国家关于振兴苏区经济政策和促进赣州经济发展方面，还是在产业经济学的学术探讨方面都有一定的现实意义和学术意义。

　　本书内容将从一般性的产业发展策略和产业政策，以及稀有金属产业的作用和战略地位出发，有针对性地研究赣州稀有金属产业的发展现状、发展目标和实施策略（联盟和兼并，产业集群和产业链延伸等），最后对赣州稀有金属发展的各项产业政策支持提出探讨。

　　本书的完成得到了江西理工大学科技处、同事吴一丁老师和毛克贞老师、课题组成员及研究生汤晗均的大力支持、指导和协助，在此表示衷心和诚挚的感谢！

张晓青

2016 年 12 月

目　　录

绪论 ·· 1

第1篇　稀有金属产业概述

1　钨、钼和钴产业概述 ··· 9
1.1　钨产业 ··· 9
1.2　钼产业 ·· 13
1.3　钴产业 ·· 15

2　锡产业概述 ··· 17
2.1　锡元素及其应用 ·· 17
2.2　世界锡产业发展概况 ··· 17
2.3　我国锡产业发展概况 ··· 20
2.4　全球锡产业发展趋势 ··· 22
2.5　我国锡产业发展趋势 ··· 23

3　稀土产业概述 ·· 24
3.1　稀土及其应用 ·· 24
3.2　世界稀土产业概况 ·· 25
3.3　我国稀土产业现状及存在的问题 ·························· 28
3.4　规范我国现行稀土行业的主要法律法规和文件 ········ 30
3.5　我国稀土产业发展趋势及问题 ······························ 31

第2篇　赣州稀有金属产业现状

4　赣州钨钼钴产业现状 ··· 35
4.1　赣州钨产业现状 ·· 35
4.2　赣州钼钴产业概况 ·· 40

5 赣州锡产业发展现状 ······································· 41

  5.1 赣州锡资源及分布 ······································ 41

  5.2 赣州锡资源品质及特点 ·································· 41

  5.3 赣州锡业产业水平 ······································ 42

  5.4 赣州锡业产品结构 ······································ 42

  5.5 赣州锡业主要企业的经营状况 ·························· 42

  5.6 赣州锡业发展优劣势分析 ································ 43

6 赣州稀土产业发展现状 ····································· 45

  6.1 赣州稀土矿资源概况 ···································· 45

  6.2 赣州稀土产业发展现状 ·································· 46

  6.3 赣州稀土资源对当地经济贡献率分析 ···················· 48

  6.4 赣州稀土产业发展优势及存在的问题 ···················· 55

第3篇 资源地稀有金属产业转型升级策略

7 资源地稀有金属产业转型升级策略 ··························· 61

  7.1 企业联盟策略 ·· 61

  7.2 产业集群策略 ·· 67

  7.3 产业链延伸策略 ·· 69

8 资源地稀有金属产业发展政策 ······························· 70

  8.1 资源管理法规和政策 ···································· 70

  8.2 稀有金属产业布局政策 ·································· 70

  8.3 稀有金属产业组织政策 ·································· 71

  8.4 稀有金属产业结构政策 ·································· 72

  8.5 稀有金属产业技术政策 ·································· 72

第4篇 赣州稀有金属产业发展策略及政策支持

9 赣州钨、钼和钴产业发展策略及政策支持 ···················· 77

  9.1 赣州钨产业发展策略及政策支持 ························ 77

  9.2 赣州钼钴产业发展策略及政策支持 ······················ 83

10　赣州锡产业发展策略及政策支持 ···················· 86

10.1　赣州锡产业发展思路和目标 ···················· 86

10.2　赣州锡产业发展策略 ···························· 88

10.3　实现赣州锡产业发展策略线路 ·················· 89

10.4　赣州锡产业发展政策支持 ······················ 91

11　赣州稀土产业发展策略及政策支持 ················ 94

11.1　赣州稀土产业发展基本原则 ···················· 94

11.2　赣州稀土产业发展目标 ························· 94

11.3　赣州稀土产业发展的基本策略 ·················· 95

11.4　赣州稀土产业发展线路 ························· 95

11.5　赣州稀土产业发展政策支持 ···················· 98

参考文献 ··· 105

绪　　论

一、研究的产业背景

稀有金属，一般指在自然界中含量很少、分布稀散或难于从原料中分离的金属。根据各种元素的物理和化学性质、赋存状态、生产工艺以及其他一些特征，一般从技术上分为五类：（1）密度较小，化学活性强的稀有轻金属；（2）熔点较高的稀有难熔金属；（3）大部分赋存于其他元素的矿物中的稀有分散金属，简称稀散金属；（4）化学性质非常相似，在矿物中相互伴生的稀有稀土金属；（5）稀有放射性金属。

上述分类并不是十分严格的。有些稀有金属既可以列入这一类，又可列入另一类。例如，铼可列入稀散金属，也可列入稀有难熔金属。

稀有金属，也称为"工业味精"，在"高精尖"领域如航空航天业、原子能产业、电子业及国防业中的用途极为重要。稀有金属作为金属材料，在军工、高端制造业、运输业、钢铁工业等领域中，作为工业生产的添加剂，以其他材料无法替代的作用存在着，因此，它的战略地位不可忽视，被列为重要的战略资源。国家提出七大新兴产业发展战略，新兴产业在 GDP 中占有的比重，到 2020 年将提升到 15%，而稀有金属作为新兴产业生产消耗的必需品，其发展战略地位明显提升，其利用深度和应用广度也广泛地受到人们关注，产业前景可期。

我国稀有金属工业的发展，离不开丰富的资源优势以及长期的辛苦建设。近年来，国家也出台了一些政策和措施对我国的稀有金属资源进行保护，制定并实施限制开采和出口稀有金属：设置并提高行业准入门槛、对实施保护政策的特殊矿产勘查开采进行管辖控制、下达钨锑和稀土矿开采总量控制指标、实施出口配额和出口关税的出口措施。特别是 2015 年底，国土资源部对被列入需要保护开采的某些矿种（钨和稀土），发出了规范探矿权采矿权审批管理的通知，以进一步规范两矿的勘查开采审批管理，旨在对两矿进行更为有效的保护和合理利用。

尽管政府出台了相关政策，但目前稀有金属产业面临的问题急需得到解决：

（1）地方产业政策：在制订相关法律法规、地方性政策方面，地方政府未考虑当地的切实情况；

（2）开采方面：许多当地民营企业不遵守法律法规及相关政策，乱采滥挖，加之政府当下调控力度有限，导致行业混乱的局面；

（3）产业结构不合理：半成品产能过剩，高纯度精加工产品稀缺，致使产品国际竞争力较差。

所以，为了国家利益，基于国家安全战略和努力争取稀有金属定价主动权考虑，必须整顿稀有金属行业，实行统一经营管理，转型升级，保持资源优势，避免乱开滥采。

二、赣州钨和稀土行业发展现状

（一）赣州钨和稀土行业在赣州的经济中地位举足轻重

有着"世界钨都"和"稀土王国"之称的赣州，以钨和稀土为重点的稀有金属资源在国内外占有重要地位。改革开放以来，赣州的钨和稀土出口为我国的经济发展做出了突出贡献。加上有政策支持，《国务院关于支持赣南等原中央苏区振兴发展的若干意见》提出建设"全国稀有金属产业基地"这一战略目标。赣州拥有世界上最为丰富的、价值最高的离子型稀土资源，已初步建成为国家重要的钨、钼、钴、锡的生产加工基地，为地方 GDP 增长及高科技产业发展做出了突出贡献。

从可获得的 2014 年的数据显示，赣州稀有金属产业，尤其是钨和稀土产业，为赣州经济发展贡献显著，且有重要的经济地位，具体体现在：

（1）赣州市主营业务收入过 300 亿元的四大产业群中，稀土和钨业产业群位居前两位；

（2）税金总额前 20 位的企业中，赣州稀土和钨企业占有 11 位；

（3）赣州九大产业集群规模以上企业中，近 1000 家企业中稀土产业和钨业的企业数占近 20%，位居第二；

（4）在全市近 40 个行业的工业增加值的增长率中，稀有金属以高于平均增长率两个百分点的增速增长；

（5）在全市主要产品产量增长率中，稀土位居第五；

（6）全市百户重点企业中，稀土和钨企业约占 20%，在有些县，诸如赣县、信丰县、上犹县、崇义县、定南县等县，重点企业中的稀土和钨企业占据超过三成，甚至五成以上；

（7）在排名前 25 位的利税总额 1 亿元以上的企业中，50% 以上是稀土和钨企业；

（8）主营业务收入 10 亿元以上的企业（优强企业）排名中，前 16 名中，9 名为稀有金属企业，名列前茅的是钨企业。

2015 年赣州稀土、钨产业集群产值突破千亿元。赣州规模以上工业企业超 1000 家，规模以上工业主营业务收入突破 3000 亿元。

　　（二）赣州将成为全国最大稀土、钨矿产品生产加工和重要的新材料产业基地

　　赣州的稀土业和钨业具有系统的、完整的工业体系，通过采选、冶炼、分离技术以及装备制造、材料加工，可以生产 400 多个品种、1000 多个规格的稀土产品。以江西为代表的南方稀土工艺体系主要生产各种高纯度单一稀土化合物和金属，以重稀土、离子型稀土矿为原料，年分离能力约 6 万吨。2013 年 5 月，国家离子型稀土资源高效开发利用工程技术研究中心获国家立项组建。赣州若能加大投入科技创新，科技这把"利剑"将加快赣州钨和稀土产业链向下游延伸。在全国总产能中，稀土发光材料、磁性材料、钨硬质合金等新材料产能分别有 30%、20% 和 8% 是来自赣州。赣州拥有完整的钨和稀土产业链，并且在全国同行业主营业务收入中约占三成。赣州将成为全国最大的稀土、钨矿产品生产加工基地和重要的新材料产业基地。

　　当前，赣州稀土的"采、选、冶"的中上游产业链正向下游延伸，从资源基地转型为全国稀土原矿及冶炼加工产品主产区、集散地。全国离子型稀土矿约有一半产品源自赣州、全国三分之二精钨在赣州加工。这样的工业实力将使赣州成为国内钨矿及钨冶炼产品的主产区和集散地。

　　（三）政策扶持，前景可期

　　赣州凭借本土资源优势和前期的产业基础，根据《国务院关于支持赣南等原中央苏区振兴发展的若干意见》战略定位，建设全国稀有金属产业基地，凸显产业优势，全面建设特色产业聚集发展的新局面。

　　当前，赣州正加快制订标准，完善稀土、钨产业发展规划，组建"国家离子型稀土资源高效开发利用工程技术研究中心"，助力稀土产业整体转变发展方向，优化产业质量。目前，国家新型工业化稀土新材料产业示范基地、赣县钨和稀土产业基地、定南稀土永磁材料及应用产业基地、崇义县硬质合金应用材料产业基地已成为省级、国家级基地，也是国家重要稀土和钨生产加工基地。产业群聚的效应释放将大力促进赣州市工业经济的发展。

　　2015 年 3 月，中国南方稀土集团有限公司重组后正式挂牌，这标志着赣州将对资源高效整合利用，使赣州稀土和钨稀有金属产业逐步实现高端化和集团化，有望成为国内该行业的龙头老大。同时也遵照国家的政策，依照总体布局规划，整合业内上下游企业，使行业未来发展呈现新面貌。在龙头企业的带动下，能够基本实现矿山开采、冶炼分离、综合利用等三个环节全面覆盖。

　　（四）挑战与机遇并存

　　从 2013 年开始，受宏观经济增速减缓及生产分配比例有限的影响，赣州市

稀土和钨企业前进阻力增大。2011 年 9 月至 2015 年期间，赣州稀土矿业主要工作是去库存，生产线已全线停产。因此，赣州市的稀土产量从 2011 年的 6294t 迅速下降到 2012 年的 1438t。虽然 2015 年整装待发，重新恢复生产，但上半年全市仅完成开采任务定额的 7.2%。尽管恢复生产，但在原材料紧缺和价格偏离产品价值的影响下，多数稀土企业仅维持少量生产甚至停产，部分企业已停产一年。稀土原矿价格在 2012 年膨胀后迅速缩水，目前徘徊在 15~16 万元的低位。2013 年以后，钨市场萎靡不振，企业发展困难。以行业龙头企业为例，在 2014 年 1~8 月缴纳地方税收 315 万元，仅为去年同期的 11.4%，减收 2448 万元。钨矿价格一路下行，2015 年黑钨精矿主流报价已跌破 10 万元/标吨。

赣州稀有金属行业悲喜交加。目前，赣州积极争取国家政策扶持，有序推进工作，赣州成为全国稀土开发综合利用唯一试点城市，共争取国家产业成果转化及产业化项目资金 3.2 亿元、国家稀土产业调整升级专项资金 1.6 亿元，支持了 52 个稀土产业升级重大项目建设。

近几年，赣州大力践行自主创新理念，并有效结合政策支持，在钨和稀土新材料、新能源汽车及其关键零部件、生物医药、高端装备制造等具有战略意义的新兴产业方面，加快转型步伐。同时，鼓励企业在研发方面下大力气，促进科技成果转化。赣州市以企业为主体，组织申报了一批科技计划项目，"高性能稀土符合钇锆结构陶瓷产业化制备及应用技术""低钕低镝耐高温耐腐蚀风电磁钢技术集成"等一批项目被列为国家科技惠民计划项目。

三、研究的目的和现实意义

对稀土和钨储量十分丰富的赣州来说，其凭借该优势在国内外占有重要的地位。改革开放以来，赣州的钨和稀土出口为我国的经济发展做出了重要贡献。赣州拥有世界上最为丰富的、价值最高的离子型稀土资源，钨、钼、钴、锡的生产加工已初步建成为国家重要的加工基地。但赣州稀有金属产业发展中存在诸多问题，资源优势并未升级为产业优势、经济优势。整合后的赣州稀有金属产业在资源控制上取得了进展，但产业的转型升级和可持续发展尚待解决。

赣州市政府落实《国务院关于支持赣南等原中央苏区振兴发展的若干意见》提出建设"全国稀有金属产业基地"这一战略目标后，对稀土产业发展进行了规划，该规划偏重于工程技术领域，尚未体现出赣州稀土产业的发展特点；对其他的稀有金属的规划尚欠缺。总体来看，目前的研究成果对稀有金属产业，特别是对赣州稀有金属产业发展战略的涉及较少，研究的系统性、完整性、前瞻性不够。同时，在研究中，对资料的掌握也不够全面，特别是稀有金属产业政策的变化对稀有金属未来的影响缺乏预判。WTO 对西方国家与中国之间关于稀土贸易争端仲裁后，我国稀土政策有了重大变化，赣州稀土产业如何应对这一变化，目前的研究尚未涉及。在政策支持方面，目前的研究系统性不强、欠具体、可操作性低。

赣州经济发展较为落后，又是革命老区，采用什么样的政策支持特殊区域快速发展特殊产业，有现实的政策需求。解决赣州稀有金属产业发展战略如何与国家战略需求、地方经济发展相协调的问题，其现实意义巨大。对特殊产业发展如何进行限制性规制和激励性规制研究，是产业规制理论的创新探索。

因此，研究赣州稀有金属产业发展策略和政策支持，无论在落实国家关于振兴苏区经济政策和促进赣州的经济发展方面，还是在产业经济学的学术探讨方面都有一定的现实意义和学术意义。

四、研究内容

赣州市稀有金属产业发展至今，粗放式经营依然是该行业的主导经营模式。国际经济形势的快速变化，稀有金属产业要走可持续发展之路，突破发展的瓶颈，转型升级迫在眉睫。本书将从一般性的产业发展策略和产业政策，以及稀有金属产业的作用和战略地位出发，涉及目前国际国内稀有金属产业的发展现状，赣州稀有金属产业在本土经济发展中的影响乃至在全国的战略地位。有针对性地研究赣州稀有金属产业的发展现状、发展目标和实施策略，涉及企业的联盟和兼并，产业集群和产业链延伸等。

赣州稀有金属发展至今，钨业在20世纪末和21世纪初的治理整顿中，得到了明显的改善，行业发展较为有序，发展的整体状况良好。目前，稀土行业的治理整顿正在进行中，治理整顿的效果如何将直接影响到赣州经济的发展。因此，在本书中，重点对本土资源丰富且目前有完整产业链的钨、锡和稀土产业进行系统的产业发展策略和产业政策研究，尤其是赣州稀土行业的发展策略和产业政策支持的研究。

第 1 篇

稀有金属产业概述

XIYOU JINSHU CHANYE GAISHU

1　钨、钼和钴产业概述

1.1　钨产业

1.1.1　钨简介

钨是一种宝贵的金属，元素符号是 W。原子序数为 74，相对原子量为 184.85。金属呈银灰色，属于稀有金属范畴，在地壳中丰度为 1.33pm，排名 18。自然界中没有单质状态的钨存在。

钨的熔点和沸点是所有金属中最高的，分别为 3400℃和 5900℃；即使在 2500℃的高温下，在所有金属中钨的蒸气压是最低的；硬度是所有金属中最硬的，达到 3000~7000MPa；密度仅次于铼、铂、锇，为 19.3g/cm^3。

钨具有一系列优良独特的物理、力学和化学稳定性能，如耐磨、耐腐、耐热、抗磁性能高、导电导热性强、次级电子发射系数大、压缩模量和弹性模量高、膨胀系数小等。

市场流通的钨产品主要是钨砂、钨的冶炼产品和各类以钨为主要原料的金属材料及其制成品。钨砂是采出的原矿，为初级产品，属原材料；钨的冶炼产品是钨的中间产品，用作钨制品的深加工材料，各类以钨为主要原料的金属材料及其制成品是钨的最终产品。

钨的冶炼产品包括：

仲钨酸铵（英文缩写 APT）：分子式 $H_8N_2O_4W$；钨酸：分子式 H_2WO_4；偏钨酸铵（英文缩写 AMT）：分子式 $(NH_4)_6H_2W_{12}O_{40} \cdot nH_2O$ 或 $(NH_4)_6H_2W_{12}O_{40} \cdot xH_2O$ 或 $(NH_4)_6H_2W_{12}O_{40}$；氧化钨：分子式 WO_3；钨粉：即还原后的单质金属钨，分子式 W；碳化钨粉：分子式 WC。

以钨为主制成的金属材料主要有硬质合金、钨材、钨制品、钨基硬面材料和钨化工产品等：

（1）硬质合金。以"工业之齿"而著称，保留了钨高性能的耐磨、耐腐、耐热以及高弹性模量等特性，同时还具有良好的韧性，因而被广泛运用于切削刀具、地质矿山工具、耐磨零件、结构件等领域。以钨为合金基的硬质合金与以钢为合金基生产的同类产品比较，前者是后者使用年限的几十至几百倍左右，其产品型号规格也高达五万个以上。

（2）钨材和钨制品。有钨合金及轧制钨两大类：

钨合金被划分为高密度和高熔点合金钨两类。前者在航空航天、核工业、机械制造、国防、电子电气、光电材料等众多领域中得到了广泛的运用，产品种类繁多；而后者高熔点合金主要被用于生产燃气涡轮机叶片、军民两用的高温喷嘴部件尾焰挡板、抗蚀管道、X射线等产品。

轧制钨主要被运用于制造电极、电子发射体、电触点、焊条、X射线靶、灯丝及宇宙飞船部件等产品。

（3）钨基硬面材料。有堆焊粉与热喷涂粉，其中堆焊粉是金刚石复合工具的原料，热喷涂粉被运用为硬质合金粉。

（4）钨化工产品。是以钨作为重要元素的精细化工产品的统称，涵盖范围十分广泛，其中高纯钨粒、钨杂多化合物、卤化钨有六氟化钨（WF_6）和六氯化钨（WCl_6）、二硫化钨（WS_2）、硅化钨（WSi_2）、钨酸钙（$CaWO_4$）、高纯偏钨酸钠（$Na_6O_{39}W_{12}$）、钨磷杂多酸盐（$H_3PW_{12}O_{40} \cdot nH_2O$）、高纯钨酸钠（$Na_2WO_4 \cdot 2H_2O$）、六羰基钨（$W(CO)_6$）等可用作微电子产品、磷光体、生化分析试剂、防水剂、添加剂、调色剂、催化剂、润滑剂、钢铁表面钝化剂、表面涂层、有机颜料、皮毛表面处理剂、抗静电处理剂等。

由于钨特殊的物理化学及机械属性，用来生产上述各类产品，被广泛运用于国民经济各领域和国防工业，以及目前的高新技术领域，与各行各业都有着直接或间接的关联，其关联度之高是其他材料无可比拟的。正因为如此，自1991年起，我国将钨划为保护性开采的特种矿，把钨归为重要的战略性物资。而在此之前，以西方发达国家为首的许多国家，早已将钨提升到了重要的战略地位。

1.1.2　世界钨产业概述

1.1.2.1　资源现状

全世界共有40余个国家拥有钨资源，其中以中国、加拿大、俄罗斯与美国为首。此四国拥有的钨资源占全世界总钨资源储量的84.5%，而中国位居首位，中国的钨储量为世界总储量的54.3%（USGS 2014年数据）。据2014年中国国土资源部统计，中国钨资源储量共有735.1万吨，其中70%为白钨，另外矿石品位低于0.4%及开采条件差的占总储量的85%。中国有22个省、市、自治区具有钨矿资源。中国钨的生产量也巨大，占世界的85%。因此，中国既是世界第一大钨的储量国，又是世界第一大钨的生产国，同时也是世界第一大钨的出口国和消费国，堪称世界钨市场的主导国。

1.1.2.2　钨生产经营现状

第一，生产方面：
（1）钨消耗量最大的是硬质合金方面，该领域大约占钨的总消费量的 54.5%。

（2）高新技术的发展对钨的消耗起着巨大的推动作用。

（3）先进的制造技术和钨的生产技术，提高了产品质量和档次。计算机集成制造技术在钨生产中的运用，使钨生产线得到了变革式的进步；离子交换、溶剂萃取、膜技术的不断进步与发展，钨的生产技术水平也得到了不断的提高。当前生产的粉末粒度可以控制在纳米级至一百微米左右的范围，钨提炼的纯度可高达 3N5，甚至拥有先进技术的企业可以生产出 5N、6N 超高纯粉末材料。

（4）全球知名的钨企业分布在发达国家，其中日本 5 家，美国 4 家，德国 3 家，瑞典、奥地利、卢森堡和法国各 1 家。这些公司中，在不锈钢产品、特殊合金的高温材料、机械和凿岩工具、金属切削加工工具等领域，处于世界领先水平的是瑞典的山特维克公司。

第二，供给方面：

世界的钨原料基地，主要是拥有钨资源但钨加工工业相对落后的国家。

第三，需求方面：

据国际钨业协会统计，世界钨消费量近几年逐年上升，资源消耗呈上升状态，增速每年达 16% 左右。欧洲、中国、日本、美国依次是全球钨需求量最大的地区和国家，钨消费量占世界的 38.7%、35.7%、24.2% 和 18.7%。

1.1.2.3 我国钨产业发展现状

据 USGS 2014 年数据，中国是世界上钨矿资源最为丰富的国家，其钨资源储量为全世界总储量的 54.3%。我国 20 世纪初叶，在江西赣州的钨矿开采，标志着我国钨产业生产拉开了序幕。20 世纪 90 年代后期至今，中国钨产业经过调整后，出现了国有、民营、外资和混合经济体并存、优化产品结构和向上下游延伸产业链的局面。

钨的采选方面：根据我国国土资源部统计，我国钨精矿产量有 70% 以上来自江西和湖南，这两省共有 130 家拥有钨矿开采资格的企业，为全国之首，另外我国拥有先进的钨矿采选技术。

钨的冶炼方面：据统计，我国钨冶炼厂主要在赣、湘、闽和蜀等省，共有 170 家左右，其中江西省 APT 产能在每年 3000t 以上的企业共有 11 家。另外，赣、湘、闽和蜀四省也是我国钨粉及碳化钨粉的主要产地。

随着钨产业的发展，我国已拥有一批处于世界先进水平的钨冶炼技术，使精矿综合回收率达到 96% 以上，主要产品纯度可稳定在 99.95% 以上，晶粒度可达 0.1μm 以下的高纯钨，对我国纳米材料水平的进步起到了积极的促进作用；我国钨粉末产品有着良好的声誉，其粒度控制水平可达 0.1~100μm 内。

钨的深加工方面：

（1）轧制钨和钨基高比重合金。轧制钨主要为钨丝。全国从事钨丝生产的企业有200余家。近几年由于我国钨产业不断引进、研发先进水平的生产线与装备，使我国钨丝的生产得到了迅速的发展。中国钨丝品种与规格应有尽有，其中95%的坯条来自于粉末冶金，主要牌号有纯钨、钨铝、钨钍、钨铈、钨铼等。

我国钨消费中，钨基高密度合金是除了硬质合金、钨丝材、含钨钢铁以外，用钨量最大的部分，占我国总用钨量的2%左右。

（2）硬质合金。世界硬质合金生产规模最大的国家是中国。中国有150多家钨硬质合金生产企业，主要分布于湘、蜀和赣等地。在四川和江西有两大企业，设备和质量标准属国际先进水平。

钨的对外贸易方面：近几年，我国钨品出口总量稳中略有下降，其中硬质合金的出口增长速度较快，已进入到全球硬质合金主要出口国的行列；进口量呈稳定状态，进口产品主要是钨精矿。进出口情况见表1-1和表1-2。

表1-1　2010~2015年我国钨品出口量（金属量）　（万吨）

年　份	2010	2011	2012	2013	2014	2015
出口量	2.61	2.75	2.17	1.82	2.08	1.88

表1-2　2010~2014年我国钨品进口量（金属量）　（万吨）

年　份	2010	2011	2012	2013	2014
进口量	0.42	0.57	0.55	0.58	0.47

1.1.2.4　近年钨产业领域的技术进步

近年来，我国高度重视钨业技术进步与创新，加大了资金投入，建立了一批国家级和省级的重点实验室、工程研究中心和企业技术中心，钨和硬质合金行业重大关键技术的研发，均得到国家科技计划的支持和立项。国内一些高校、科研院所和企业在钨及硬质合金等的研发中，取得了一批拥有自主知识产权的标志性科研成果，如RE-W电极制备技术、白钨矿及黑白钨混合中矿碱分解技术、超细/纳米W粉与WC粉、WC—Co超细/纳米复合粉合成技术、超细晶硬质合金、梯度硬质合金制备技术、涂层硬质合金刀具集成制造技术等。

我国钨产业占有四个全球第一，即资源储量、产量、贸易量、消费量均占世界首位。自"十一五"以来，我国钨产业结构继续得到优化，产业集中度提高，产业结构更加合理。在资源开发方面，规模化、集约化、规范化程度也得到了提高。同时，产品以钨材、钨丝、钨粉、钨合金、硬质合金、钨电极产品、钨特钢产品和钨化工产品等作为我国发展方向。

1.1.2.5 我国钨产业存在的问题

中国钨产业当前主要问题是没有形成钨和硬质合金的产业经济优势，特别是在钨精深加工方面，尽管我国钨产业有完整的产业链，但是国际竞争力仍然不足。中国钨产业发展的主要阻碍是缺少先进的核心技术以及附加值高的产品。其他主要问题主要有以下几点：乱采滥挖、过度开采、盲目发展和重复建设，导致资源消耗和损失严重；生产造成的环境污染严重；产品缺乏多样性，出口产品结构缺乏合理性，附加值高的产品比重偏低；行业布局欠合理，产业竞争力弱；科技水平低，研发力度不足，研究成果转化率低下，质量标准建设跟进缓慢；产业政策扶持力度不够，国际挑战压力大等。

1.1.2.6 我国钨产业发展空间

我国钨产业发展空间有以下几点：

（1）内需是发展的巨大市场和动力。钨是民用、军用产品的重要原材料。在我国经济腾飞的背景之下，我国的钨产业将获得巨大发展空间。

（2）全球对钨产品的需求推动中国钨业发展。中国是世界钨大国，无论是资源储备还是出口量都属世界前列，世界钨业发展离不开中国，世界钨业对中国有着较大的依赖性。中国的钨产业应该在这充满了发展机遇的背景下，努力推进产业升级，调整出口产品的结构，加大深加工产品出口比例，使我国钨产业又好又快发展。

1.2 钼产业

1.2.1 钼简介

钼是一种过渡性元素，元素符号是 Mo，原子序数为 42，原子量为 95.94。平均密度为 $10.2g/cm^3$，熔点为 2610℃，沸点为 5560℃，硬度较大，摩氏硬度为 5~5.5。化合价+2、+4 和+6，钼极易改变其氧化状态，稳定价为+6。

钼最主要用于钢铁工业，是钢的合金元素，钢铁工业消耗的钼资源量约占钼资源总消耗量的八成左右。钼能提高钢的强度和韧性、抗腐蚀性、耐磨性、淬透性、焊接性和耐热性。第二大消耗领域是化工领域，约占钼资源消耗总量的 10%，钼可作为润滑剂、催化剂、颜料、有机聚合物的阻燃剂和消烟剂。除上述外，其余 10%左右的消耗主要用于电子电气、农业、医药等领域。在电子电气领域，用于制造螺旋灯丝的芯线、引出线及挂钩等部件。在医药和农业领域，作为微量元素添加进药物和肥料中。

1.2.2　世界钼产业和我国钼产业概述

1.2.2.1　资源概况

据 USGS 2016 年统计，目前全球钼资源储量共有 1100 万吨。世界钼资源储备第一大国是中国，中国钼资源储量占世界的 39.09%，共有 430 万吨。世界钼资源储量第二的国家是美国，其拥有 270 万吨钼资源。第三的是智利，其钼资源储量 180 万吨。

1.2.2.2　供求与价格

国际钼协公布的数据显示，在供给和消费方面，世界钼的供给和消费近几年基本保持平衡，见表 1-3。

表 1-3　2011~2015 年世界钼供给与消费状况　　　　　（万吨）

年　份	2011	2012	2013	2014	2015
供给量	24.3	24.0	24.24	26.2	23.4
消费量	24.4	23.6	24.31	25.4	23.0
平衡量	-0.1	0.4	-0.07	0.8	0.4

从价格看，尽管 2015 年世界钼产量低于 2014 年的世界钼产量，但是因为 2015 年冬季世界钼的消费量只稍微略低于供给量，导致钼价格受到抑制。2014 年世界氧化钼平均价格为每磅 11.38 美元，到 2015 年降为每磅 6.63 美元。

1.2.2.3　技术和新应用

先进的钼加工技术研发依然掌握在发达国家手中，如澳大利亚、美国、德国、日本等国在矿冶工程、化学工程和材料工程等方面都有新的突破。钼的新应用方面主要有钼催化剂、半导体元件和感光。

1.2.2.4　我国钼产业概况

我国钼矿主要集中于河南、陕西、辽宁、吉林等地区，同时我国钼矿的采选能力也集中在这些地区。这四省的钼矿采矿能力占到了我国的 71%，选矿能力占到了我国的 80%。我国钼产业还存在着许多的问题，诸如产业结构欠合理、资源使用寿命缩短、污染严重、选冶水平低。同时我国钼矿企业有着数量多、规模小的特点，同时产能落后的企业多，因此，淘汰落后产能是我国钼矿企业当前面临的主要问题。

我国钼加工业，由于国有企业加快扩建和技术引进，产品质量得到提高了，产品品种增加了。与此同时，我国钼有关的乡镇企业、民营企业也随着不断发展，与国有企业共同发展，使我国钼的加工材，无论是在产量和质量上还是在品种规格上都不断更新换代，促使了我国钼企业从生产型朝生产经营型发展转变。

1.3 钴产业

1.3.1 钴及其应用

钴的元素符号Co，原子序数27，原子量是58.93。常见化合价为+2、+3。钴是一种钢灰色金属元素，沸点和熔点分别是为2870℃和1493℃、密度为8.9g/cm³，莫氏硬度为5，物理性质又脆又硬，同时具有铁磁性，加热到1150℃时磁性消失。

钴是重要的战略金属，主要用在高温合金、耐热耐腐蚀和硬质合金以及磁性材料等，特别是在军事工业、航空工业中有不可替代的重要地位。钴是生产锂离子电池时最为关键的金属元素，另外钴还在催化剂、添加剂、颜料、磁性材料及医疗等领域得到广泛的运用。

1.3.2 钴行业概述

1.3.2.1 资源概况

USGS在2014年统计，全球钴目前总储量720万吨，其中刚果（金）、澳洲、古巴三国的钴储量就占了全世界的69.4%。而此三国中钴资源最为丰富的是刚果（金），其储量高达340万吨，居世界第一位。其次是澳大利亚和古巴，分别有100万吨和50万吨。我国钴储量只有8万吨，仅为全世界的1.1%，见图1-1。

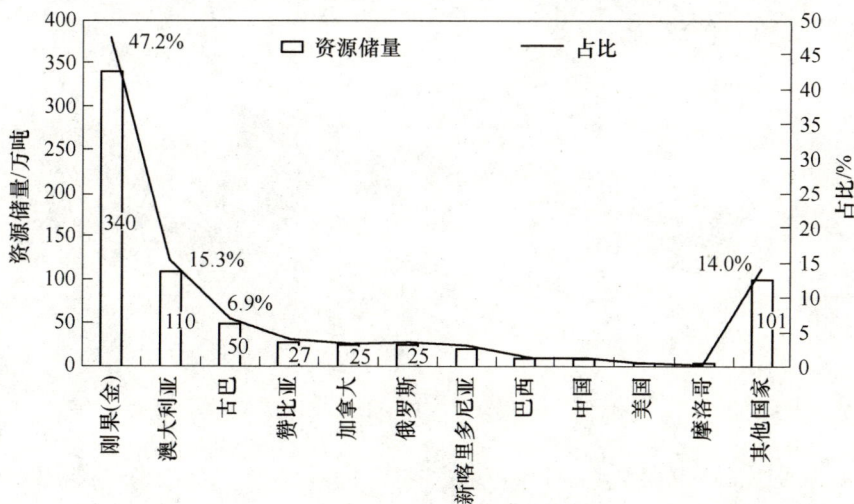

图1-1 全球钴资源分布图

1.3.2.2 应用概况

电池、超级耐热合金、工具钢、硬质合金、磁性材料的生产都要用到钴作为原材料。在催化剂、干燥剂、试剂、颜料与染料的生产中要用到钴的化合物。较为特殊的是钴-60，它具有放射性，用于生化分析，在医疗中被用于放射检查与治疗。

在我国钴的消费中，约50%被用作生产电池，约15%被用于生产超级/硬质合金，约10%被用于生产磁性材料，约15%被用于生产催化剂。我国是钴的消费大国，在全球大约5.5万吨的年消费量中，我国约占1/3。除中国之外，全世界另外两个钴消费大国分别是日本和美国，其年消费量都大于1万吨。在这两国中，日本的钴主要用在电池材料领域，而美国主要用于生产航天航空的超级合金方面。

我国钴行业目前之所以能位于全球前列，是因为我们掌握了以萃取为核心的钴湿法冶炼技术，该项技术使我国钴产业的生产能力、成本控制、技术水平、企业数量都位居全球第一。但是我国钴产业面临的最大问题就是我国钴资源主要依赖进口，缺乏资源保障。

2 锡产业概述

2.1 锡元素及其应用

锡是银白色金属，元素符号为 Sn，原子序数为 50，原子量为 118.69，质地柔软，熔点低、沸点高，其熔、沸点温度分别为 231.96℃ 和 2270℃；密度 α-Sn 为 5.85g/cm³，β-Sn 为 7.30g/cm³，γ-Sn 为 6.55g/cm³，液态 Sn 为 6.99g/cm³；莫氏硬度为 3.75；熔化热为 60.28J/g；汽化热为 3018J/g；比热容（18~20℃）为 0.2436J/(g·℃)；线膨胀系数（50℃）为 23.1×10^{-6}/(m·K)；电阻率（18℃）为 $11.5 \times 10^{-6}\Omega \cdot cm$；热导率（$\beta$-Sn，100℃）为 60.7W/(m·K)；超导转变温度为 3.73K。锡有 +2 和 +4 两种化合价，锡元素的 +2 价化合物化学性质不稳定，在自然条件下容易发生氧化反应变为 +4 价化合物。

早期锡主要是用于生产合金。目前使用的领域已广泛地拓展到轻工业，诸如玻璃、橡胶、塑料等，并且在农药中也得到应用。

虽然锡的应用领域在不断拓宽，但对锡需求量大的领域，依然是合金的生产，特别是随着科技水平的提高，目前锡除用于生产传统的锡合金和日用生活品之外，还被广泛用于生产特种合金、现代工业和高精尖技术领域，以及核工业、航天航空业、新材料等。

2.2 世界锡产业发展概况

2.2.1 锡资源概况

2.2.1.1 世界锡资源概况

地球上的锡资源主要在环太平洋地区的国家，据 USGS 2015 年统计，全球共有 480 万吨锡储量。资源较丰富的国家是中国，储量居世界之首，共有 150 万吨；其次是印度尼西亚，共有 80 万吨；再次是巴西，共有 70 万吨；第四是玻利维亚，共有 40 万吨；第五是澳大利亚，共 37 万吨。

2.2.1.2 中国锡资源及分布概况

据中国国土资源部统计，2015 年我国锡矿储量共有 150 万吨，与 USGS 2015 年的数据一致，其中基础储量 350 万吨，总保有储量 407 万吨，资源丰富的省份主要分布在滇、桂、湘、赣、粤和蒙等6个省及自治区，它们的资源储量共占全国总保有储量的97.7%。

中国锡矿资源经历了上百年的开采历史，原有的露天砂锡矿床几乎开采殆尽，当前我国锡矿中可供开采的主要是原生脉锡矿床，地底埋藏深度大，伴共生金属多，综合利用价值较高。

2.2.2 生产经营概况

目前，无论是发展中国家还是发达国家，都已涉足锡的生产。虽然一些发展中国家锡的生产历史悠久，如东南亚的马来西亚、泰国，他们的锡产品以锡工艺品见长。中国和秘鲁的生产技术在发展中国家名列前茅，但锡的深加工技术掌握在欧洲、美国、日本等发达国家和地区手中，深加工产品是他们的优势。由此可见，当前世界锡产业格局主要是发展中国家居于锡产业链的上游，发达国家居于产业链的下游。

2.2.2.1 全球锡的产量及消费量

A 全球锡的供给

当前全世界三大锡矿来源国依次为中国、印度尼西亚以及秘鲁，且全球对这三个国家的锡资源依赖度在增加。据美国地质调查局2015年统计，2014年，来自于中国、印尼和秘鲁三国锡矿产量占世界锡矿总产量的78.6%，而2013年占比为47.2%。2014年比2013年提高了66.5%（表2-1）。

表2-1 全球锡矿产量   (t)

国　家	2013 年	2014 年
中国	110000	125000
秘鲁	23700	23700
玻利维亚	19300	18000
巴西	12000	12000
澳大利亚	6470	6100
越南	5400	5400
印度尼西亚	5200	84000
马来西亚	3700	3500
刚果(金)	3000	3000
卢旺达	1900	2000
老挝	800	800
尼日利亚	570	500

国　家	2013 年	2014 年
俄罗斯	420	600
泰国	200	200
其他地区	100	100
全球总量	294000	296000

B　全球锡的消费需求

中国、日本、美国、欧洲是全球锡的主要消费国家和地区，其中中国对锡的需求居首位。国际锡业协会最新统计数据表明，2013 年，中国锡的消费量占全球总消费量的 44.8%，为 34.83 万吨，其次是欧洲，占比为 16.2%；而日本这个传统的锡消费国，近几年其消费量呈现出下滑的状况，美国也不例外，但他们对锡的消费主要表现在精锡产品上，用量相对较少。精锡的地理流向除美国、日本外，还有其他一些经济发达的国家，如荷兰、德国、新加坡等，这些国家的精锡进口量占全球精锡进口总量的 60%。在出口方面，精锡的来源主要是具有锡资源优势的发展中国家，印度尼西亚、马来西亚、秘鲁、巴西等国的出口量占全球精锡出口总量的 50%。

美国、日本、荷兰、新加坡、德国、韩国等发达国家是世界主要的精锡进口国，全世界精锡进口总量的 60%被这些国家占有。

2.2.2.2　全球锡产业的生产技术及深加工状况

A　采矿方法

锡矿床赋存的有关条件十分复杂，采矿时也有各种各样不同的方法可被运用，如充填采矿法、崩落采矿法和空场采矿法。这些方法的运用要依据不同的矿床赋存条件而甄别使用，三种方法在锡的开采中所使用的比例分别是 20%、40%和 40%。现今，数值分析法和 CAD 技术实现了安全高效采矿。数字技术成为了在选择矿房和矿柱参数、确定开采顺序和管理顶板时的技术支撑。

B　选矿工艺

锡选矿工艺一般采用重选、浮选—重选、重选—浮选—重选和磁选四种。从 20 世纪以来，我国一直致力于重选设备的研发和应用，且在该领域已处于国际领先水平。目前，重选工艺不断改进，适用范围较前大有扩展，已进入到阶段磨矿和选别、泥矿和贫富矿分选以及选冶结合的选矿流程中。而浮选—重选和重选—浮选—重选这两种选矿工艺的运用，主要是在锡石硫化矿的选矿流程中。

C　冶炼状况

粗锡的冶炼如今共有三种不同的技术：反射炉还原熔炼、电炉冶炼和澳斯麦特熔炼。这三大技术中，从环保、劳动强度和工业自动化程度三大指标上进行衡量，第一种属淘汰技术；第二种技术虽然技术投入相对较小、生产规模较为灵活，其大小程度可随实际生产情况而定，对物料的处理有较强的适应性，但其能耗大，环保问题严重，被列为受限制类技术；唯有澳斯麦特熔炼是如今全球最为先进的锡的冶炼技术，在效率、安全性、环保性和节能性等诸多方面均优于前两项技术，故被列为鼓励类技术。

D　锡深加工

第一，焊料。全球对焊料的研发以及生产，成果丰硕，焊料的品种丰富，规格齐全。

第二，无机锡化工产品。生产工艺和技术水平日趋完善，产品研发成绩斐然，大量的锡化工新产品投入使用，市场规模扩大，使无机锡化工产品成为锡产业一支新的主力军。

第三，锡材应用。锡材的生产工艺、技术、装备方面的巨大进步，使球形焊粉、焊丝、锡粒、锡球、锡合金、锡箔和各类异型锡材，大量应用于高新技术领域，锡的技术附加值得到大幅提高。在传统工艺品的生产中，借助于 CAD 设计和快速三维立体成型等技术，使工艺品外观更为惟妙惟肖。

第四，有机锡。在塑料和农药生产中，作为添加剂是有机锡的一个重大应用。随着塑料和农药产量的增加，有机锡的用量也被拉动不断提高，品种不断趋于齐全，如今已达到 50 多个品种。2005 年市场容量就已达几十亿美元，且年均增幅在 20% 左右，可见有广阔的市场前景。

2.3　我国锡产业发展概况

2.3.1　我国锡产量情况

2.3.1.1　锡矿的生产

滇、桂、湘、赣、内蒙古等省和自治区是我国主要的锡矿集中地，拥有比较高的资源集中度，骨干企业分布在滇、桂两省。据中国有色金属工业协会统计，中国精锡矿产量（折合锡金属量）在 2013 年约有 10.21 万吨，大约占了全世界精锡矿总产量的 36%。

2.3.1.2　精锡的生产

我国锡资源丰富的省份也是锡冶炼和生产的主要基地。根据中国有色金属工业协会公布的数据，2014 年和 2015 年，我国精锡产量分别为 17.5 万吨和 16.69 万吨。产量几乎全来自主产区滇、桂、湘、赣，四省产量占全国精锡总产量的比例高达 99%。我国精锡产量占全球的比重也在逐步上升。2013 年，我国提供 33% 左右的精锡产量，到 2015 年，我国精锡产量的供给量已占全球的 46% 左右。

2.3.2　我国锡消费情况

我国锡消费需求量自 2004 年以来增速较快，年均为 6.0% 左右。在全球消费量中，所占比重也较大，2013 年已达 44.8%。来自于安泰科的数据显示，我国锡的消费区域，按其消费量大小来划分，依次是华南、华东、华北和华中，锡消费量占全国锡消费总量的比重分别是 45%、35%、10% 和 10%。

目前，我国锡的主要消费结构大体为：65% 用于生产焊料、15% 用于锡化工、8% 用于生产镀锡板（即马口铁）、5% 用于玻璃、4% 用于青铜等合金、3%用于其他。

2.3.3　我国锡的下游行业情况

中国主要在焊料、锡化工、马口铁、锡合金（黄铜和青铜）、浮法玻璃等方面要消费大量的锡。近十年来，锡产业发展迅速，产业链不断延伸，使得锡终端消费行业的发展十分之快。在这些锡终端消费行业之中，主要消费锡焊料的电子信息产业工业年均增加值增长率有 28.51%，马口铁的生产量平均每年增长 16.94%，浮法玻璃的产量平均每年可增长 12.53%。这些快速增长的锡的消费量，完全有赖于锡的主要消费行业对锡使用量的大幅拉升。

2.3.4　我国精锡进出口情况

我国曾经是最大的精锡出口国之一，2002 年起开始实行锡及锡制品出口配额管理制度，出口配额逐年下降。在 2008 年，我国对锡和锡制品出口征收 10%的关税，同时由于我国国内锡消费量不断上升，使我国精锡的出口量同年大幅度下降，一改以往锡进出口状况，进口量首次出现超过出口量的局面。从此，我国由精锡出口国变为了净进口国。2013 年，由于国际市场锡价出现严重的倒挂现象，致使我国锡进口量骤减，低至 1.31 万吨，同比下降 56%。到 2014 年，情况未见转机，出现同比近 40.5% 的降幅，进口量低至 0.78 万吨，见表 2-2。

表 2-2　2008~2014 年我国精锡进出口情况　　　　（万吨）

年　份	2008	2009	2010	2011	2012	2013	2014
进口量	0.99	2.07	1.6	2.22	3	1.31	0.78
出口量	0.08	0.07	0.07	0.12	0.17	0.35	0.09

从精锡进口来源看，印度尼西亚、马来西亚和玻利维亚是我国精锡进口的三大来源渠道。近年来，受印度尼西亚对外贸易政策的影响，我国从该国进口精锡

的比例越来越少。从我国精锡出口的地理流向看，新加坡和美国、日本三个国家占据主导。

2.4　全球锡产业发展趋势

2.4.1　精锡供求关系出现供不应求的局面

具有锡资源优势的国家如中国、印度尼西亚、秘鲁、巴西、玻利维亚、马来西亚及泰国等国，锡的生产集中度高，产业基础好，生产系统比较完善。因此，今后全球锡生产仍然会集中在这些资源丰富的国家。

在过去很长一段时期，中国以及东南亚等国家是世界锡资源的供给国。当前世界锡产量的增加受到了很多因素，诸如资源枯竭、保护性开采、勘探不足、出口限制等因素的制约，致使全球锡的供求关系出现了供不应求的局面。今后全世界的锡产量的年平均增长率预计大约只有 2%~4%。而现今全球出现的无铅化以及环保的潮流，推动全世界锡的消费量的年增长率将达到约 4%~10%，供需矛盾不断深化。

2.4.2　消费结构仍以锡焊料为主

目前，世界锡消费结构，按其消费量大小，依次主要是：焊锡占 50%、镀锡板（马口铁）占 18%，化工制品占 17%，合金占 10%，以上四项占了总消费量的 90%。

在中国，焊料行业占据传统锡消费领域之首，是锡应用的最大领域，其消费量约占我国总消费量的 60%。其次是镀锡板行业，作为锡消费的第二大领域，目前该行业年消费增长率已经下滑到不足 8%。新兴领域方面，锡化工以及铅酸蓄电池是锡应用领域中发展最快的两个子行业。

2.4.3　精矿原料补给将趋紧

当前国际市场锡价上涨，刺激一些已经关闭了的锡矿山开始重新开采，但由于缺乏勘探投入，造成资源补给不充足问题，导致出现全世界锡精矿供应紧张的状况，该状况在较短时期内无法得到缓解。

2.4.4　价格将在较高价位上盘旋

锡焊料目前在发展中国家的消费量增加较快，全球锡市场供给不足的状况逐年加重。与此同时，因为欧盟与日本使用无铅焊料，对锡的需求量再度加大，全球锡的消费量还会提升约 3 万吨。市场的这种供求关系将导致锡矿价格短期内大幅上涨。

2.4.5　行业发展

（1）光伏产业：伴随着光伏产业的飞速发展，将带动光伏焊带快速发展，成为锡产业链增长较快的下游产品。

（2）绿色材料：作为绿色材料的阻燃 PVC，将大量使用羟基锡酸锌（$ZnSn(OH)_6$），其规模化替代效应使得市场对锡化工产品的需求量大幅增长。

（3）短缺持续：世界锡生产有较高的集中度，主要集中在中国和印尼。世界 52% 的锡矿储量在中国与印尼两国，这两国对世界锡精矿的供给高达 62%。马来西亚锡矿资源出现枯竭之后，印度尼西亚和中国对锡精矿的开采便进入了保护性开采时期。因此，全球的锡资源供给短缺的状况，将会持续比较长的一段时间。

2.5　我国锡产业发展趋势

（1）保证资源供应成为关键。我国是锡最大的消费国，从 2008 年开始，已成为锡净进口国，国际市场锡精矿价格的持续上涨，严重影响我国锡原料的供给，造成锡资源供给紧张局面。印度尼西亚对锡精矿实施出口限制措施，使我国锡原料资源保障更是雪上加霜，我国锡产业的稳定发展受到了一定程度的影响。所以，积极开发国内锡资源，合理运用国外资源，提升资源保障能力，是我国锡产业发展的关键问题。

（2）国内消费结构日趋合理。我国锡产品消费结构经过十几年的改革、创新、调整，技术含量高的焊料、锡化工等产品比例不断上升，以锡的初加工产品为主的产品消费结构正逐步得到改善。在我国政府的产业政策引导下，随着企业由初级产品向精深加工方向的不断拓展，我国的锡产品消费结构将会愈来愈趋于科学合理。

（3）国内需求快速增长。锡大量用于汽车、建筑、电子信息等行业。我国这些行业的迅速发展和产业结构调整，将带动我国锡消费量的增加。与此同时，国内塑料工业为达到环保的相关要求，使用锡热稳定剂的消费量也不断上升，扩大了锡在化工领域对锡的需求。在近几年的发展中，因新型绿色环保水泥添加剂以及锡化工产品的不断发展，硫酸亚锡的消费量也在不断上升。可见，我国对锡的需求呈快速增长态势。

（4）严格执行行业准入制，规范行业发展。我国锡行业准入制颁布以来，有效地规范了行业的发展。为保证行业健康稳定可持续运行状态，依然不能放松执行行业准入制。因此要控制生产总量，改造创新现有技术，推行智能化和清洁生产，对落后产能尽快实施淘汰，实现资源有效配置。发展锡产业循环经济，同时运用尾矿再选的方法回收再生锡，达到资源循环利用。

3 稀土产业概述

3.1 稀土及其应用

稀土是一组金属元素的简称，由化学元素周期表第三副族中镧系元素镧（La）、铈（Ce）、镨（Pr）、钕（Nd）、钷（Pm）、钐（Sm）、铕（Eu）、钆（Gd）、铽（Tb）、镝（Dy）、钬（Ho）、铒（Er）、铥（Tm）、镱（Yb）、镥（Lu），以及性质与其相近的钪（Sc）和钇（Y）组成，见图3-1。

元 素 周 期 表

周期＼组	IA	IIA	IIIB	IVB	VB	VIB	VIIB	VIII			IB	IIB	IIIA	IVA	VA	VIA	VIIA	0
1	1 H																	2 He
2	3 Li	4 Be											5 B	6 C	7 N	8 O	9 F	10 Ne
3	11 Na	12 Mg											13 Al	14 Si	15 P	16 S	17 Cl	18 Ar
4	19 K	20 Ca	21 **Sc**	22 Ti	23 V	24 Cr	25 Mn	26 Fe	27 Co	28 Ni	29 Cu	30 Zn	31 Ga	32 Ge	33 As	34 Se	35 Br	36 Kr
5	37 Rb	38 Sr	39 **Y**	40 Zr	41 Nb	42 Mo	43 Tc	44 Ru	45 Rh	46 Pd	47 Ag	48 Cd	49 In	50 Sn	51 Sb	52 Te	53 I	54 Xe
6	55 Cs	56 Ba	57～71 La～Lu	72 Hf	73 Ta	74 W	75 Re	76 Os	77 Ir	78 Pt	79 Au	80 Hg	81 Tl	82 Pb	83 Bi	84 Po	85 At	86 Rn
7	87 Fr	88 Ra	89～103 Ac～Lr	104 Rf	105 Db	106 Sg	107 Bh	108 Hs	109 Mt	110 Ds	111 Rg	112 Uub	113 Uut	114 Uuq	115 Uup	116 Uuh	117 Uus	118 Uuo

58 **Ce**	59 **Pr**	60 **Nd**	61 **Pm**	62 **Sm**	63 **Eu**	64 **Gd**	65 **Tb**	66 **Dy**	67 **Ho**	68 **Er**	69 **Tm**	70 **Yb**	71 **Lu**
90 Th	91 Pa	92 U	93 Np	94 Pu	95 Am	96 Cm	97 Bk	98 Cf	99 Es	100 Fm	101 Md	102 No	103 Lr

注：粗体字的元素为稀土元素。

图3-1　稀土元素在元素周期表的位置

稀土元素一般被分为轻稀土以及重稀土，划分的依据是不同稀土元素物理化学性质的差异性，以及分离工艺的差异性。其中，轻稀土包括镧（La）、铈（Ce）、镨（Pr）、钕（Nd）、钷（Pm）、钐（Sm）、铕（Eu），而重稀土包括钆（Gd）、铽（Tb）、镝（Dy）、钬（Ho）、铒（Er）、铥（Tm）、镱（Yb）、镥（Lu）以及钇（Y）。轻稀土可被称为铈组稀土元素，而重稀土被称为钇组稀土元素。稀土元素中的钪元素较为特殊，是一种分散性元素，目前在现有矿山中并没有发现钪元素与其他元素共存的现象，钪的化学性质与其余16个稀土元素也有较大不同。

稀土元素特殊的物理性质及化学性质主要因为其特殊的结构而引起的。凡添加了稀土元素而制成的产品，功能大为改善，有的呈现出十分独特的性能。因而，稀土的用途在先进技术日新月异的时代，被广泛用于第一产业和第二产业，在 IT 业和新能源、航空航天领域的应用尤为广泛。主要用途见表 3-1。

表 3-1　稀土的主要终端用途

稀土元素	主要终端用途
镧	混合动力引擎、金属合金
铈	汽车催化剂、石油炼化、金属合金
镨	磁体
钕	汽车催化剂、石油炼化、笔记本电脑硬盘、耳机、混合动力引擎、金属合金
钐	磁体
铕	电视机和电脑显示屏中用来显示红色
钆	磁体
铽	荧光粉、永磁体
镝	永磁体、混合动力引擎
钬	磁体
铒	荧光粉
铥	医用 X 光单元
镱	玻璃上色、激光
镥	石油炼化
钇	红色颜料、荧光灯、瓷器、金属合金

稀土应用有几大明显的特征：对产品性能提高的功效大、应用领域较其他金属范围广、在产品中的使用量少、产品的科技附加值高和对其他产业的发展影响重大。

3.2　世界稀土产业概况

3.2.1　资源概况

3.2.1.1　世界稀土资源的分布

地球拥有丰富的稀土资源，全球有 50 多种稀土矿物拥有宝贵的工业价值，但是在这 50 多种稀土矿物中，目前只有 8 种得到了开发运用，最主要的包括 5 种：铈铌钙钛矿、独居石、磷钇矿、氟碳铈矿、离子吸附型矿等。

地球拥有巨大的稀土储量，在 25 个国家及地区均发现了稀土矿床。据 USGS 统计，目前可获得的最新系统资源储量数据是中国、巴西、澳大利亚、印度及美国，这些是 2015 年世界稀土储量排名前五的国家，见表 3-2。

表3-2 2015年世界稀土储量结构

国家（地区）	储量/万吨	储量占比/%
中 国	5500	42
巴 西	2200	17
澳大利亚	320	3.0
印 度	310	2.0
美 国	180	1.0
其 他	4487	35

3.2.1.2 世界稀土矿物形式

独居石、氟碳铈矿、磷钇矿、淋积型矿、镧钒褐帘石等稀土矿产资源是当前最具有经济价值的稀土矿物，这些矿物主要存在于中国、印度、马来西亚、埃及、南非、澳大利亚、美国、加拿大、巴西、俄罗斯等国家。

3.2.2 生产经营概况

3.2.2.1 全球稀土的供给消费状况

A 资源供给状况

据USGS的数据，全球稀土的产量供给在2011年以前，基本保持在每年11万吨左右，中国的产量占比逐渐增加，最高达97.7%。自2011年起，中国产量占比开始下降，到2015年，世界稀土产量共有12.4万吨，中国产量占世界稀土产量的85%。但加上中国黑色产业链的稀土供给量（占指标的60%左右），2015年全球稀土的产量估计是18万吨，中国占比88.9%，较之前仍有下降。

B 消费状况

世界稀土产业快速增长期是在20世纪90年代，在进入21世纪以后，全球稀土应用领域不断扩大，新材料层出不穷，随着制造技术的升级换代，市场对稀土新材料的需求稳定增长，使稀土产业也进入了平稳增长期。

世界稀土最大的两个消费国分别是中国和日本，消费量分别占全世界稀土总消费量的57%及21%；消费量排在中国、日本之后的国家和地区是欧洲、美国。纵观这些国家稀土产品的消费结构，中国、日本两国最大消费领域分别是永磁材料和电子行业用的抛光粉，占两国稀土产品总消费量的40%和26%。欧洲、美国主要在催化剂方面消费稀土资源，该领域消费稀土占美国稀土总消费的22%。

3.2.2.2 生产规模及深加工状况

随着稀土新材料市场在21世纪已进入平稳发展阶段，一些发达国家和中国都在稀土新材料研发和生产上投入大量生产要素，生产规模扩大，目前稀土新材料的市场需求也上升。从规模化程度上看，中国、日本、欧洲、美国已成为稀土新材料主要的研发及生产国家和地区。中国、日本、美国还是世界稀土新材料的主要应用国。从稀土应用产品生产分布来看，日本、中国、东南亚、法国等国家及地区是世界荧光粉的主要产地；日本是世界贮氢合金最大生产基地，其贮氢合金产量占世界总产量的50%以上；美国则是世界最大的稀土催化材料的研发生产和应用国，其催化材料的产量及应用市场规模高达全球40%以上。

全球稀土深加工产业范围广，包括永磁、发光、储氢合金、抛光、催化材料等领域，涉及国民经济和国防军工的各个方面。中国已成为全球最大的稀土深加工基地，但总体处于中低端水平，高端市场份额有限。

A 稀土永磁材料发展现状

钐钴（SmCo）永磁材料和钕铁硼（NdFeB）永磁材料是稀土永磁材料的两大类，后者又分为黏结NdFeB和烧结NdFeB。

因钐钴（SmCo）永磁材料中含稀缺、昂贵的战略金属钴，2011～2013年，稀土永磁材料多以钕铁硼（NdFeB）为主，全球产量较为稳定，基本保持在9～11万吨：2011年10.4万吨，2012年9.3万吨，2013年11万吨。其中烧结NdFeB所占比例高达90%，是市场主体产品，黏结NdFeB产品所占市场份额较少。从年复合增长率看，1997～2013年，烧结NdFeB产量增长为15%，而黏结NdFeB只达到7%，不足前者一半。在稀土永磁材料生产国中，中国已成为最大的生产基地，2015年钕铁硼产量高达12.7万吨，占全世界总产量的90%左右。见图3-2。

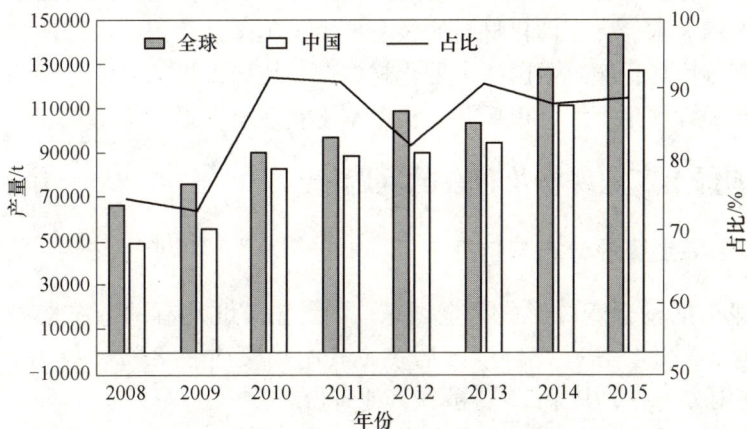

图3-2 全球和中国钕铁硼产量占比
（资料来源：产业信息网中国银河证券研究部）

稀土永磁材料的核心专利及技术均由日本及美国掌握，尽管产量占比不大，但却占据着市场的最高端。

B   稀土发光材料发展现状

世界发光材料产量最大的国家是中国，2014 年全球 80% 的稀土发光材料约有 2600t 产于中国，但中国生产的发光材料主要为中低端产品。日本是显示器用稀土发光材料核心技术及专利的拥有国，是世界上研发及生产实力最强的国家。

C   稀土储氢合金发展现状

储氢合金材料主要应用在镍氢电池、氢能储运、蓄热与热泵、静态压缩机等方面，目前中国、日本是世界储氢合金最大的供给国，其中，中国储氢合金产量为全世界储氢合金产量的 70%，位居首位。据中国稀土行业协会统计，目前我国储氢合金的供给量能满足年产万吨以上，已超过市场 1 万吨以下的需求，供给严重超过需求。

D   稀土抛光粉发展现状

铈系列抛光粉在工业中得到的广泛运用源于其较优的物理化学性质。该产品最大的生产国是中国。中国稀土行业协会数据显示，中国在 2015 年稀土抛光粉产能约为 6 万吨，然而年需求量不足 2 万吨，产能严重过剩。

E   稀土催化材料发展现状

稀土催化材料主要应用领域为石油催化裂化催化剂（简称 FCC，占比约 65% ~70%）、车用尾气净化催化剂（占比约 20% ~25%），剩余 5% ~10% 用于其他领域。

环境问题日益突出，受到广泛重视，对化工生产效率、尾气高效治理的需求极为迫切。为保护环境，发达国家对尾气排放标准不断提高，这一因素驱动了稀土催化材料的需求。稀土催化材料的核心技术由美国、德国、法国所掌握，占据了全球大部分市场份额。中国稀土催化材料产量位居世界第一，是因为国外企业巨头均在我国设立生产线，市场并不是由本土企业所占据。

3.3   我国稀土产业现状及存在的问题

3.3.1   我国稀土资源分布与特征

中国 98% 的稀土资源形成了全国东、西、南、北均有的分布格局，在内蒙古、赣、粤、蜀、鲁等省或自治区居多，其中内蒙古占 83%，鲁占 8%，蜀占 3%，3% 在南方七省，其余 3% 分散在其他省份。

我国稀土矿产资源根据地理分布及矿物种类常以北方矿、南方矿来分类。北方矿（混合矿、单一氟碳铈矿）指位于内蒙古、蜀和鲁等地的稀土矿，常称为轻稀土资源；南方矿（离子吸附型稀土矿）则指位于赣、粤、桂、闽、湘等地的稀土矿等，也称为中重稀土资源。

各主要矿区的矿床特点如下：

第一，蒙区稀土矿为共生矿床，即白云鄂博铁、铌、稀土共生矿床，共生矿床中含有多种稀土元素，且含量高，90%以上为轻稀土。

第二，鲁地稀土矿，是典型的氟碳铈镧矿床，稀土元素镧、铈、镨、钕之和占稀土总量的98%，有害杂质少，易于分离成单一稀土元素，具有明显的资源质量优势。

第三，蜀地稀土矿为单一矿床——氟碳铈矿床，纯度高，有害杂质少，矿物粒度粗，易选冶，可直接入炉冶炼成中间合金，工艺简单，生产成本低，优质资源优势显著。

第四，南方稀土矿为离子吸附型矿，中重稀土含量高，类型全，品位高，资源位处地层浅表，易于采选。

我国稀土资源的主要特征是：储量大、分布广，南北相对集中，矿种全且离子矿世界罕见，共生矿有益组分含量高，开采较为容易。

3.3.2 我国稀土行业发展现状

从20世纪50年代至今，随着我国稀土行业的不断发展，中国在稀土的生产、应用以及出口方面已跻身世界前列。目前行业基本现状如下：

第一，工业体系完整。我国稀土产业已经拥有了完整的稀土工业体系，可以自主完成采选、冶炼、分离、装备制造、材料加工和应用。

第二，市场情况良好，产业集中度提高。我国稀土市场体制不断得到完善和优化，市场规模逐年扩大，市场秩序良好，国企、民营、外资共存，企业兼并重组有序推进，已完成中铝公司、北方稀土、厦门钨业、中国五矿、广东稀土和南方稀土六大集团的组建。

第三，技术不断进步。随着我国稀土产业链向精深加工方向延伸，大量的人力、物力和财力投入到技术研发和创新中，使我国稀土产业的科技创新能力不断提升，在产业链各环节的多项技术已达到世界先进水平。

第四，收储制度已建立。国家在2011年建立了稀土收储制度，将稀土列为战略储备性资源，并不断建立稀土资源战略储备体系。资源战略储备模式主要有：（1）国家收储（即国储）与企业（商业）收储（即商储）并行；（2）资源（地）收储与实物储备并行。2012～2014年，国家开展了三次稀土收储行动。由此可见，国家对确保我国稀土的战略地位、保持长期优势和在国际上有价格话语权给予高度重视。

2016年，新一轮稀土储备启动。在这次稀土储备中，先是完成商储，紧接着进行国储。我国稀土六大集团在2016年4月和5月先后完成了两次商储。我国国储局于6月召开首次国储招标会议，六大集团被召参会。最终因价格问题国储局与六大集团没有达成一致，全部流标。

我国稀土行业在快速发展的同时，也暴露出资源过度开发、生态环境破坏严重、产业结构不合理、价格严重背离价值和出口走私比较严重等问题的存在，亟待解决。

3.4   规范我国现行稀土行业的主要法律法规和文件

我国政府颁布了以保障我国稀土产业稳步发展的相关法律法规以及规范性文件，这些法规与文件主要内容涉及保护资源、调整产业结构、提升产业技术水平以及促进科学合理的产业布局等方面，见表3-3。

表 3-3   稀土行业主要法律法规及规范性文件一览表

政策类型	年 份	部 门	政策法规
稀土资源管理法规和政策	1986	全国人大	《矿产资源法》
	1991	国务院	《国务院关于将钨锡锑离子型稀土矿产列为国家实行保护性开采特定矿种的通知》
	2008	国务院	《全国矿产资源规划（2008—2015年)》
	2011	国务院	《国务院关于促进稀土行业持续健康发展的若干意见》
	2012	工业和信息化部	《稀土指令性生产计划管理暂行办法》
	2015	国土资源部	《关于规范稀土矿钨矿探矿权采矿权审批管理的通知》
稀土产业结构政策	1991	地矿部、有色金属总公司、国务院稀土领导小组、国家计委	《关于开办离子型稀土矿山及稀土冶炼分离企业审批的规定》
	2002	国家计委	《外商投资稀土项目管理暂行规定》
	2003	财政部、国家税务总局	《关于调整出口货物退税率的通知》
	2004	国务院	《政府核准的投资项目目录》
	2005	财政部、国家税务总局	《关于调整部分产品出口退税率的通知》
	2006	财政部、国家发展改革委、商务部	《财政部、发展改革委、商务部、海关总署、国家税务总局关于调整部分商品出口退税率和增补加工贸易禁止类商品目录的通知》
	2006	国务院	《关于调整部分商品进出口暂定税率的通知》
	2006	商务部、海关总署、国家环保总局	《加工贸易禁止类商品目录》
	2007	国土资源部、国家发展改革委等九部委	《对矿产资源开发进行整合的意见》

政策类型	年　份	部　门	政策法规
稀土产业结构政策	2007	国家发展改革委	《产业结构调整指导目录（2007本）》《外商投资产业指导目录（2007年修订）》
	2011	国家发展改革委、财政部、工业和信息化部	《关于组织实施稀土稀有金属新材料研发和产业化专项的通知》
	2011	国务院	《国务院关于促进稀土行业持续健康发展的若干意见》
	2012	财政部、工业和信息化部	《稀土产业调整升级专项资金管理办法》
稀土产业技术政策	2010	国务院	《国务院关于加快培育和发展战略性新兴产业的决定》
	2011	国家标准化管理委员会	《稀土工业污染物排放标准》
	2011	国家科学技术部	《国家"十二五"科学和技术发展规划》
	2012	工业和信息化部	《稀土行业准入条件》
	2014	国土资源部	《稀土资源合理开发利用"三率"最低指标要求（试行）》
	2014	工业和信息化部	《关于印发稀土行业清洁生产技术推行方案的通知》
稀土产业布局政策	2005	赣州市人民政府	《赣州市稀土产业布局意见》
	2010	内蒙古自治区人民政府	《内蒙古自治区稀土资源战略储备方案》
	2012	国务院	《国务院关于支持赣南等原中央苏区振兴发展的若干意见》

3.5　我国稀土产业发展趋势及问题

（1）国家加强宏观调控，矿山进一步整合。2006年起，我国开始实施稀土矿山开采配额制度，并于次年制定了稀土矿产整合的时间表。表明国家已经开始从源头上加大宏观调控力度，稀土矿业企业并购整合成为趋势。

（2）产品结构优化。从当前我国稀土行业产品现况来看，新材料方面对推进我国稀土产品需求量的上升有着明显的作用。近年来随着新材料领域的发展，稀土化合物产品的结构也在不断地调整之中，稀土初级产品不断向着精细化、功能化的方向发展。

（3）企业、高校、科研院所的合作在深化。中国企业普遍存在原创力水平低、在高新技术产品方面的研发速度不足的问题。科研院所以及高等院校虽然原创力水平高于企业，但是缺乏实际生产经验，成果转化能力差。因此，产、学、研三者的有机结合是解决我国稀土产业技术原创力不足的必经之路。

（4）外资进入我国速度加快。我国为了减少稀土资源廉价外流，对稀土资源出口采取了一系列限制措施。于是法国、美国、加拿大、日本等国的一些企业，为解决原料不足的问题，进入我国稀土行业，在我国境内进行产品的深加工后再出口到本国，提高了他们对稀土资源的利用率，降低了利用稀土资源的成本。这使得外资对我国稀土行业的投资增长速度逐步提高。

第 2 篇

赣州稀有金属产业现状

GANZHOU XIYOU JINSHU CHANYE XIANZHUANG

4 赣州钨钼钴产业现状

4.1 赣州钨产业现状

4.1.1 赣州钨产业发展现状

4.1.1.1 赣州钨资源现状

赣州有着丰富的钨资源，主要表现在：一是资源储量多，可维持较长的服务年限。截至 2014 年底，赣州全市钨保有资源储量 49.65 万吨，其中，基础储量 20.15 万吨，资源量 29.5 万吨，如果按照 2014 年钨精矿总量控制指标 2.5 万吨，基础储量按 100% 利用率，资源量按 60% 利用率计算的话，则静态服务年限可达 23 年以上。二是易选的黑钨资源居多。从资源储量平衡表可以看出，2014 年赣州市黑钨资源储量 39.68 万吨，占全市钨总资源储量的 80%，其中黑钨基础储量 17.5 万吨，占全市钨总基础储量的 87%；黑钨资源量 22.18 万吨，占全市钨总资源量的 75%。如此集中的黑钨聚集度，在江西省乃至国内外都是少有的。三是资源扩大潜力大，找矿前景良好。从国土资源部开展的全国 21 矿种（包括钨）资源预测评价信息看，江西崇义坪背山—八仙脑、江西赣县东埠头—黄沙是 10 个重要 3 级预测区内的区域，预测资源量可超过 50~100 万吨。重组的后备资源可为赣州市钨业的可持续发展提供强有力的支撑。

4.1.1.2 赣州钨资源地勘现状

近几年，随着国家投入增加和社会力量积极参与，尤其在积极引进先进的勘查理论、勘探手段以及装备技术后，赣州矿区已发现和增扩了不少资源储量，如茅坪钨矿、淘锡坑钨矿已从中小型规模变成大型钨矿床，西华山钨矿虽然资源枯竭，但也在西部发现一定量的盲矿群，大吉山北组发现隐伏大脉等。由此可见，在赣州市进一步增储的可能性是非常大的，资源前景良好。

4.1.1.3 赣州钨产业链状况

长期以来，赣州以采矿为主，钨精矿产量在全国占有三分之二的份额，冶炼加工产品基本处于空白状态。从 20 世纪 80 年代初，赣州开始发展钨冶炼产业，但发展速度很慢，产品单一，产业链短，附加值低。近 10 多年来，赣州钨加工产业开始进入发展的快车道，目前已经形成较完整的钨产业链，能够生产钨型材、硬面材料、硬质合金、数控涂层刀具、钨丝等深加工产品，具有较好的产业基础，在全国钨行业有一定的竞争优势。虽然赣州的钨企业在钨深加工产品方面相对于湖南株洲、福建厦门等地企业来说还有较大差距，但赣州一些钨龙头企业追赶的速度较快，无论是装备更新、技术创新还是人才引进、做大做强，都取得了较大的成效。

赣州冶炼企业依靠先进的技术，可向市场提供数量充足、质量优良的冶炼产品，特别是江西钨业控股集团有限公司与国际知名企业德国世泰科集团合作，可生产品种更多、质量更优的仲钨酸铵、钨粉和碳化钨粉，达到了国际一流水平，尤其在企业高端市场实现了钨粉定制，体现了钨产品加工的新方向。章源钨业采用先进的工艺技术，引进德国、日本、美国等国先进的成型、烧结、涂层、加工和分析检测装备，建设的硬质合金及刀钻具项目，其产品质量指标能与国际一流企业的产品指标相媲美。海盛钨钼与京瓷株式会社合作的 500t 高端硬质合金涂层刀片项目已经开工建设，这是赣州钨加工引进国外技术，向"高、精、尖"方向发展的标志性项目。这些项目的实施，将带动赣州钨加工产业向高端化方向发展。

4.1.1.4 赣州钨产业技术现状

赣州钨产业新体系正在逐步形成。赣州市政府与中南大学、北京有色金属研究总院、北京矿冶研究院签订了钨产业长期战略技术合作协议。目前赣州有教育部钨资源高效开发及应用技术研究中心、省矿业工程重点实验室、江西有色冶金研究所、江西理工大学工程研究院、江西理工大学材料科学与工程学院及中国地质科学院博士工作站、中南大学博士后研究基地等 10 余家钨专业研究院室；有江钨控股、江钨有限、章源钨业等三家企业的技术中心被授予"国家认定企业技术中心"；有江钨控股、江钨有限、章源钨业、耀升钨业、海盛钨钼集团、世瑞新材等 6 家企业升级技术中心。赣州市质监局下设国家钨与稀土产品质量检测监督中心，赣州出入境检验检疫局下设国家矿产品检测重点实验室，江西理工大学、赣州有色冶金研究所下设检验检测分析室等，这些检验检测机构的投资都在几千万至上亿元不等。其中，赣州有色冶金研究所分析检测中心被认定为"国家认定的检测检验中心"；国家钨与稀土产品质量检测监督中心获得了 CNAS 颁发的实验室认可证书和中国认监委颁发的资质认定证书，是全国唯一的国家级钨与稀土产品质量监督检验法定技术机构，检验能力已覆盖了钨与稀土及其他有色金属的 19 类 80 个产品 278 个参数，并对接建立覆盖国际国内 35 万个标准的技术标准数据库。

4.1.1.5　赣州钨资源综合利用与环境保护

经过近一个世纪的开采，赣州钨资源渐渐枯竭，资源的回收和综合利用是一个重要课题。20世纪80年代，国家和企业投入大量资金研发并推广新的选矿工艺，从选矿流程到选矿剂的科学配制都进行了改进。几乎赣州所有钨矿现今都能回收共生和伴生的金属副产品（铜、钼、锡、硫、锌、铋等），回收率在不断提高。无论是地方钨矿企业还是省属钨矿企业，综合回收率均在80%以上，省属企业达85%以上，且每年通过综合回收的产值占企业总产值的10%左右，经济效益可观。

以新的冶炼加工技术为支撑，无论是黑白钨混合矿的冶炼加工还是对杂质含量高的钨矿进行冶炼加工，在此环节的钨回收率已高达95.5%，且仲钨酸铵的质量已超过该产品特级品的国家标准。

赣州钨矿的长期开采，加上过去环境保护意识弱，造成大量尾砂堆积。近些年，仲钨酸铵产能的急剧扩张，年产3万吨左右的碱煮渣已对环境构成威胁。这些污染和对环境的破坏是亟需解决的矿山生态问题。前些年，赣州对矿山的环保问题进行了治理。通过经济手段、行政手段和法律手段，多管齐下，目前所有矿山都建起了尾砂坝，但历史遗留的环保问题和碱煮渣的处理问题是一项任重而道远的艰巨任务。

4.1.1.6　赣州钨业的对外经济合作

第一，投资方面。赣州钨业通过近十几年的技术改造和创新，产业链向中下游延伸。目前赣州已成为钨冶炼加工的主要生产基地，加之原有的资源优势和现今的优惠投资政策，一批国内外的企业甚至一些大企业被吸引进来从事钨的精深加工，例如日本的东芝和住友公司，国内的五矿集团、厦门春葆集团、天津特精股份公司、香港正威集团等大企业已入驻赣州。

第二，出口方面。从20世纪80年代开始，赣州钨产品已远销欧洲、美国、日本等国家和地区。当时的赣州钨业是赣州地区出口创汇的支柱产业。进入21世纪以来，随着技术水平的提高，赣州钨产品的出口结构在不断得到改善，由钨砂出口逐步转向钨的冶炼加工产品的出口。钨砂出口随后受到限制，技术含量高的产品出口受到鼓励，比重在增加，出口产值也随之提高。21世纪的头三年，赣州钨冶炼加工品出口总额为6000万美元/年以上，但自2014年始，钨及其制品的出口总额约为1.5亿美元/年。

4.1.1.7　赣州钨业的经济技术指标

赣州钨业近三十年来，为赣州经济发展贡献卓越。近五年来，赣州市主营业收入排名前 20 的企业中，有四分之一来自于钨企业。在赣州大小钨矿企业有 53 家，钨矿采矿证有 66 本，八成以上是地方性钨矿企业。赣州钨矿总产能近 620 万吨/年，钨精矿产能为 4 万吨/年，钨精矿冶炼加工承担了全国七成的产能。目前，赣州已成为我国钨的集散地，堪称全国最大也是最为集中的钨中间产品的产区和供应基地。

近五年来，在销售收入上，赣州对全国钨业销售额的贡献率占三分之一左右。2014 年，在赣州市规模以上工业的主营业收入和利税总额中，钨业占了 13.5% 和 13.7%。2009~2014 年赣州钨产业销售收入和利税情况见表4-1。

表4-1　赣州钨产业销售收入和利税情况　　　　　　　（亿元）

年　份	2009	2010	2011	2012	2013	2014
销售收入	122.38	184.12	265.98	305	372	200
利税	10.2	14.92	24.56	21.09	40.97	15.5

4.1.2　赣州钨业发展的宏观政策优势

国家对赣南经济发展的重视，已上升到国家战略的高度。《国务院关于支持赣南等原中央苏区振兴发展的若干意见》（以下简称"若干意见"）对赣州稀有金属的发展提出了建设目标，即要把赣州的钨稀有金属建成具有较强国际竞争力的产业，并且"若干意见"还提出了具体扶持政策，这些都给赣州钨业发展带来了良好契机。

具体扶持政策体现在以下几方面：

（1）宏观经济政策方面：国家的西部开发支出适用于赣州经济发展。

（2）地勘方面：国家已把赣州纳入到找矿突破战略行动的重点区域中，并从中央财政中拨出资金支持地质矿产调查评价。

（3）产学研合作基地的建设方面：鼓励创建稀有金属产学研合作基地，国家新技术产业园区和新型工业化产业示范基地扶持政策适用于该基地的运作。

（4）科技攻关方面：从国家层面上支持建设离子型稀土与钨工程（技术）研究中心。

（5）资源储备方面：建设稀有金属资源储备基地，对建立中国稀有金属期货交易中心加快可行性研究论证。

（6）配额指标方面：在生产和出口各项配额指标的分配上给予倾斜；采矿权、探矿权的资源价款给予优惠，给予 15% 的企业所得税税率优惠。

4.1.3　赣州钨产业发展中存在的主要问题

4.1.3.1　纺锤形产业结构制约产业发展

赣州钨业长期以来过多地依赖于资源优势而生存，企业在一定程度上对产业链下游的技术掌握及提升缺乏重视。随着资源的渐渐枯竭，现如今，赣州钨业呈现出纺锤形的产业结构，两头小，中间大。上游钨矿和下游的深加工产品硬质合金的生产能力小，而中游中间产品如 APT、W 粉、W-Fe 等的生产能力巨大，三者占据全国钨产品的生产份额是 20%、60% 及 8%。这种产业结构导致以下的问题：

（1）粗放式经营，资源浪费大。初级产品和中间产品生产线盲目上马，低水平重复建设，生产集中度低，严重导致产能过剩，浪费了大量宝贵资源。

（2）钨精矿的供给对外依赖性强。目前赣州市每年自己能生产供给的钨精矿在 2.5 万吨左右，而需求量约在 7.5 万吨，每年至少 2/3 的精矿原料需从外地购买补足，钨精矿的供给对外依存度大于 66%。

（3）产品缺乏核心竞争力。赣州钨业大多数企业的研发能力基本接近零的水平，更谈不上技术创新，导致企业缺少深加工高技术附加值的产品。近几年，赣州钨的深加工产品在全国所占份额不足 10%，企业缺乏核心竞争力。

4.1.3.2　环保瓶颈的制约

赣州钨矿长期开采，环保未能及时跟进，环保设施落后，生产废料的处理能力较差，导致废料和尾砂随意排放的问题严重，环境受到极大污染。赣州市钨冶炼企业目前已是业内中间力量，其产品占全国的份额均达到 60%。如果这些企业严格执行环保政策，需投入大量资金，企业均难以承受，将面临关停风险；若企业不治理污染，环保问题愈将严重，将制约行业的发展。

4.1.3.3　行业资本市场建设进度缓慢

在国际上，有色金属不仅具有行业属性，同时还具备金融属性，这已成为国际惯例，国际市场上的"有色金属交易所"就是典型的例证，金、银、铜、铝等有色金属，其金融属性在发达国家早已被当作国际资本运用自如。

钨作为战略性的稀有金属，其金融属性远未开发出来。赣州稀有金属交易所虽于 2011 年 10 月在赣州市注册成立，但交易所如何健康运作依然是尚待解决的问题。"若干意见"中也提出了"建立中国稀有金属期货交易中心"的设想，这对行业资本市场建设是个很好的推动力。

4.1.3.4　现有人才难以维持企业持续高速发展

赣州地处经济落后的老区，大量人才外流。近十几年的高速发展使得赣州钨企业面临人才极度匮乏的局面。一方面，企业现有人才力量不足，进修培训少，知识更新换代慢，大多数企业从高管到技术人员，在学历层次、管理水平、技术水平等方面都难以适应产业发展对人才的要求；另一方面，人才政策不足以吸引高端技术人才的引进，企业的持续高速发展难以维系。

4.2　赣州钼钴产业概况

钼钴资源在赣州极度缺乏，在赣州的钨矿中有少量的钼，而钴资源基本为零，长期都是依赖进口原料进行冶炼加工。目前赣州没有专门从事钼或钴产品生产的企业，钼钴产品来自于钨钼企业和钨钴企业。钨钼公司4家，钨钴公司3家。赣州虹飞钨钼材料有限公司、赣州海盛钨钼有限公司、赣州钴钨有限责任公司等是目前赣州钼钴行业规模较大的企业。钼钴产品主要仍处于低端产品，应用产品和高端产品甚少。

赣州虹飞钨钼材料有限公司前身为赣州钨钼材料厂，成立于1998年7月，主要从事钨、钼等有色金属的冶炼、生产、销售。该公司及其钼丝被江西省科技厅分别认定为"高新技术企业"和"高新技术产品"。公司已形成生产粗钼丝50吨、钼丝5亿米、校直白钨钼丝2亿米等系列产品的产能。

赣州海盛钨钼有限公司是一家外向型企业，专门从事生产和经营钨钼系列制品，有钼丝、钼粉、钼条、钼圆片、钼板等。该公司具有产品自营进出口权。

赣州钴钨有限责任公司，于20世纪50年代建厂，是我国百家有色金属冶炼企业之一，有独立的进出口权，专门从事钴、镍、钨系列产品的生产。钴金属年产能力上千吨。钴系列产品有：草酸钴、精制草酸钴、硫酸钴、优质碳酸钴、氯化钴、醋酸钴、硝酸钴、氧化钴、精制氧化钴、四氧化三钴、氧化亚钴、三氧化二钴、金属钴粉、超细金属钴粉、钴酸锂、电解钴等。

5 赣州锡产业发展现状

5.1 赣州锡资源及分布

　　赣州地处中国南岭钨锡多金属成矿带上，且位于该成矿带的东段，共生和伴生有色金属种类多。锡的成矿作用以燕山期花岗岩为主，矿床类型呈现多样性，星罗棋布式地分布。在我国的锡矿带中，赣州锡矿是重要的锡矿之一。

　　在赣州锡资源较为丰富的产地有会昌、石城、崇义等县，其中会昌县的锡矿属独立锡矿，石城、崇义等县的锡矿均属钨矿的伴生金属（表5-1）。赣州现今有锡矿床共11处的储量已探明，达45万吨，保有储量超过30万吨，远景的储量也超过50万吨。

表5-1　赣州锡矿产地及储量

产　　地	储量/万吨
会昌县	37.0
石城县	3.40
崇义县、大余县、全南县	3~4

5.2 赣州锡资源品质及特点

　　（1）丰富的储量。矿产部门预测，赣州市锡资源可达130万吨，占江西省保有量的九成以上，在全省位居第一。

　　（2）资源在矿区中的分布相对集中。在赣州锡矿的大中型矿区，集中了70%~90%的探明储量，有利于开采和规模化生产。

　　（3）易采。赣州锡矿的矿床属原生矿石，在地层埋藏浅，适合露采，属易开采矿。

　　（4）易选。矿床中锡的赋存状态主要是以锡石为主，硫化锡（SnS_2）的含量极低，胶态锡基本没有发现。

　　（5）共、伴生金属矿床多。石城、崇义等县的锡资源伴生于钨矿中，从钨矿中分离回收。同时，在锡矿中又伴生有铜等有价金属，可通过回收，提高锡矿开发利用价值。

5.3　赣州锡业产业水平

赣州锡产业在赣州稀有金属行业中起步较晚，属于赣州稀有金属行业的小金属产业，各种生产要素投入较少，产业发展至今，整体水平还不高：

（1）采矿方面：因矿床埋藏浅，没有实现大规模开采，实行露天开采。

（2）选矿方面：使用传统选矿工艺重选或浮选—重选，回收率不高，在60%~65%。

（3）冶炼方面：以400~800kV·A电炉粗炼、电解精炼为主，在锡铅分离流程上，结晶机在部分企业得到使用，生产出的粗、精锡的纯度都较高，冶炼环节的实收率在90%左右，综合回收率95%~98%。

（4）污染问题突出：赣州锡业技术水平低下，生产能耗大、成本偏高已成为普遍现象。加之资金和技术投入少，污染问题得不到及时处理；加大了工人劳动强度，生产环境较差。

（5）技术装备方面：赣州锡加工相对于赣州其他有色金属产业而言，还处于起步阶段，缺乏技术和资金投入，技术装备落后，甚至原始，急需更新换代。

5.4　赣州锡业产品结构

赣州锡产业的现有企业，还是以初级产品锡精矿、精锡等为主，其余是低档次的锡粉、锡焊条、锡焊丝，铜精矿、硫精矿是副产品。总体上，赣州锡产品附加值低，档次也不高，结构不合理。

5.5　赣州锡业主要企业的经营状况

赣州市规模以上的锡企业有7家，分布在会昌和南康，目前多从事锡的冶炼和压延加工，2015年赣州锡业的主营业务收入在4亿~60亿元不等，与前十年的经营状况相比较，情况有明显好转。经过十年的发展建设，锡产业链向深加工方向延伸，企业的经济效益也有了明显的改善，2006年和2015年的经营状况比较见表5-2和表5-3。

表5-2　2006年赣州市锡行业规模以上企业主要经济指标情况　（千万元）

企业名称	地理位置	主营业收入	利　税
会昌金龙锡业有限公司	会昌县	10	6
五矿赣州锡业有限公司	章贡区	19	0.9
大余县东宏锡制品有限公司	大余县	0.9	0.08
赣县宏茂锡业焊料有限公司	赣县	2	0.1
南山锡业有限公司	南康区	3	0.2

续表5-2

企业名称	地理位置	主营业收入	利　税
赤土锡业有限公司	南康区	8	0.8
合　计		42.9	8.08

表5-3　2015年赣州锡行业规模以上企业经营指标情况　　（千万元）

企业名称	地理位置	主营业收入	利　润
赣州市方泰锡业有限公司	赣县	72	3
南山锡业有限公司	南康区	610	4
会昌锦顺达锡业有限公司	会昌县	32	12
赤土锡业有限公司	南康区	47	0.6
会昌金龙锡业有限公司	会昌县	70	26
会昌县小山锡业有限责任公司	会昌县	206	2
会昌龙威锡业有限公司	会昌县	45	1
合　计		1082	48.6

5.6　赣州锡业发展优劣势分析

5.6.1　优势分析

（1）资源优势。如前所述，处于南岭锡钨成矿带上的赣州锡矿资源，具有良好的赋存状态，且已预测的远景储量大，超过50万吨，在我国已成为重要的产锡区之一。如果对赣州锡矿资源的勘探力度再进一步加大，可以保证年产2万吨的精锡生产供给达20年之久。若能加大地质勘探力度，可以确保一个年产精锡2万吨的锡产业集群正常运转20年以上。

（2）区位优势好，交通便利。赣州位于闽赣粤三省交界处，交通便利，离粤湘产锡区不远，比较国内云锡、华锡来，具有得天独厚的区位和交通优势。

（3）具有后发优势。赣州锡业虽然起步晚，但在发展过程中，前人可供借鉴经验多，是赣州锡业的发展可以少走弯路。在建设中，起点高，投资的精准性和合理性较强，可缩短投资收益期。

（4）具有相对人才优势。自20世纪50年代以来，赣州是我国有色金属的生产基地。在计划经济时期，为保证我国有色金属行业的顺利发展，在赣州设立了一批办学层次不同的高校，培养了一大批有色金属行业的专门人才，为当地的有色金属企业输送了丰富的专业人才资源。同时，行业性强的科研院所服务于行业的发展，在行业人才的培养、进修和储备方面功不可没。

（5）具有良好的外部发展机遇。首先，国家出台的有色金属产业政策和措施，尤其是专门涉及锡产业的政策措施，成为赣州锡业兼并联盟重组的有力政策保障。其次，赣州锡业在资源、地理区位、产业基础、优惠政策等方面的优势，吸引了国内外一批业内企业巨头的关注，并有投资的意向。这些已成为赣州锡业发展的重要契机。

5.6.2　劣势分析

（1）资源供给不足。由于投入不足，赣州锡业的资源地质勘探深度不够，导致目前实际已探明的锡矿资源量不多，可供给的资源更显不足，锡的资源优势远未发挥出来，不能满足赣州市对锡资源的需求。同时，资源还不断外流至外省，使赣州市锡资源的需求缺口更大。

（2）产业链条短。赣州市锡产业还是以采选、冶炼为主，产品主要是电解锡、抗氧化锡、合金锡、无铅焊锡丝条、粗锡和棒材等，产品的技术含量和附加值低，下游高技术含量的精深加工产品少，存在锡产业链短的问题。

（3）高能耗，重污染。在锡的开采方面，存在总量失控现象，造成资源浪费情况严重。技术和资金投入不足，使一些企业的生产处于高能耗状态，采、选、冶各生产环节的"三废"问题得不到及时解决，排放量和综合回收率距国标差距甚远，引发了生态环境破坏的问题。

（4）缺乏市场竞争力。专业技术人才尤其是高端技术人才的匮乏，加上研发资金投入不足，使企业乃至整个行业技术创新能力薄弱，生产经营管理仍停留在粗放式经营阶段，实现集约型的升级转型缓慢，行业整体实力不强，缺乏市场竞争力。

6　赣州稀土产业发展现状

6.1　赣州稀土矿资源概况

赣州稀土矿属离子吸附型稀土矿，含轻、中、重稀土元素，其含量为其他已知稀土矿种所不及，富含钐（Sm）、钇（Y）、铕（Eu）、铽（Tb）、镝（Dy）、钬（Ho）、铒（Er）等中重稀土元素。这些离子型稀土的特点是：齐全的配分，较高的品位（见表6-1），富含高价值元素且低放射性，生产工艺尤其是开采和提取工艺简单。截至目前，赣州稀土矿是国内独具特色的优良稀土资源。

表 6-1　赣州离子型稀土矿的配分表　　　　　　　（%）

稀土成分	龙南	寻乌	信丰
La_2O_3	2.18	38.00	27.56
CeO_2	1.09	3.50	3.23
Pr_6O_{11}	1.08	7.41	5.62
Nd_2O_3	3.47	30.18	17.55
轻稀土元素占比	7.82	79.09	53.96
Sm_2O_3	2.34	5.32	4.54
Eu_2O_3	0.37	0.51	0.93
Gd_2O_3	5.69	4.21	5.96
Tb_4O_7	1.13	0.46	0.68
Dy_2O_3	7.48	1.77	3.71
Ho_2O_3	1.60	0.27	0.74
Er_2O_3	4.26	0.88	2.48
Tm_2O_3	0.60	0.13	0.27
Yb_2O_3	3.34	0.62	1.13
Lu_2O_3	0.47	0.13	0.21
Y_2O_3	64.90	10.07	24.26

赣州17个县目前都发现有稀土矿，赣州稀土的分布几乎覆盖了全市。以低钇轻稀土为主的寻乌稀土矿和以高钇重稀土为主的龙南稀土矿，两矿区稀土资源在80万吨左右，还有以中钇富铕型稀土为主的赣县、信丰、宁都、安远、全南、

定南等县的稀土矿，共同构成了赣州轻、中、重齐全的离子型稀土矿山资源体系，占据江西已探明和预测储量的90%以上。这三种类型稀土矿物占已探明储量的比例分别是80%、5%和15%。

6.2　赣州稀土产业发展现状

从20世纪60年代发展至今，赣州市稀土产业规模以上企业接近70家，2015年规模以上稀土企业的主营业务收入在全国同行约占1/3。一批精深加工企业已集聚赣州，特别是稀土永磁材料、发光材料、陶瓷材料等稀土新材料及应用产品的生产能力分别占全国的20%、40%和50%，在全国占据重要地位，在稀土废料的综合处理能力方面，赣州稀土在全国已达70%。赣州稀土在全国，业已成为氧化稀土和稀土金属的重要生产基地以及稀土资源的综合利用基地。

6.2.1　赣州稀土矿山状况

在稀土矿的开采方面，赣州稀土行业在经历20世纪的无序竞争之后，赣州市政府结合国家有关产业政策，于1999年开始治理整顿，取得了显著的成效。矿点整理整顿为170个。稀土矿山开采秩序大为好转。全国离子型稀土总量中约30%产自赣州，合法稀土采矿许可证有88个，采矿权人属于赣州稀土矿业有限公司一家国有企业，矿山生产能力约占全国同类产品的40%。

在矿山生产工艺方面，龙南、寻乌等地推广了主离子型稀土原地浸矿新工艺，不仅经济效益大为改观，同时还带来了良好的社会效益。传统池浸、堆浸工艺有严重的环保问题，这些环境问题随着新工艺的引入而得到有效解决，且资源回收率提高至75%~80%。从2007年四季度开始，传统的池浸和堆浸工艺在赣州已全面退出生产线。

6.2.2　赣州稀土的分离现状

6.2.2.1　分离工艺水平

模糊萃取分离和HAB双溶剂萃取两项技术已达到国内、国际先进水平，前者已在分离企业得到了广泛的推广应用。分离新技术的应用和自动化水平的提高，全面改善了分离工艺的各项技术指标，产品纯度不断提高，质量大为提升。

6.2.2.2　生产规模

赣州稀土行业有近20家分离企业，分离离子型稀土矿的生产规模达到每年2.8万吨。其中企业生产在规模、产品档次等方面已位居全国稀土分离行业前列的有3家，分别是赣县红金稀土、定南加华和安远明达。

6.2.2.3 产品结构和技术水平现状

赣州稀土也已具备分离十四种单一稀土高纯产品的能力（表6-2）。

表6-2 稀土氧化物名称和纯度

产品名称	La_2O_3	CeO_2	Pr_6O_{11}	Nd_2O_3	Sm_2O_3	Eu_2O_3	Gd_2O_3
产品纯度/%	>99.5	>99.95	>99.5	>99.5	99.9	99.9	>99
产品名称	Tb_4O_7	Dy_2O_3	Er_2O_3	Yb_2O_3	Lu_2O_3	Y_2O_3	$Y_2O_3+Eu_2O_3$
产品纯度/%	>99.95	99.9	99.5	99	99	99.99	99.999

受技术和生产能力的限制，大部分企业一次性可分离4~5个稀土单一高纯产品，少数企业能分离8个以上产品；重稀土元素以初级富集物的形式销售掉，未得到进一步分离。囿于技术创新投入不足，企业研发先进工艺和技术缺乏必备条件。目前，先进的模糊萃取工艺只在红金稀土、安远明达、定南加华、定南南方、寻乌南方等企业得到应用。

6.2.3 赣州稀土金属冶炼现状

6.2.3.1 生产规模

稀土金属产量在赣州呈日益增长趋势，无论是混合型还是单一型的稀土金属，总生产能力每年已接近2万吨，在全国稀土金属生产中，已位居首位。其中最大的三家企业是虔东、晨光和南方稀土，它们的生产规模分别是年产3500t、3000t和2500t。

6.2.3.2 技术水平

熔盐电解和真空还原法是两种主要的稀土金属冶炼技术，装备大型化已成为趋势，以3000A和4000A电解槽为主体，10000A的大型电解槽已有近10台，25000A超大型电解槽2台，有效保证了稀土金属冶炼产品的一致性，提升了产品质量的稳定性。

6.2.4 赣州稀土深加工及应用

赣州稀土产业链下游的深度加工和应用产品，主要集中在永磁材料、储氢材料、荧光材料、陶瓷材料等稀土材料和球化剂、永磁电机等方面。其中，稀土合金、稀土铸铁等产品的产量和质量均居全国前列。目前NdFeB生产线有本土的赣州嘉通（2000吨/年）、定南红帆（1000吨/年）、龙南晶环（1000吨/年）、赣州宏光（1000吨/年），还引进了国内浙江英洛华（4500吨/年）、横店东磁

（2000 吨/年）等项目以及国外瑞士精密磁材（50 吨/年）钐 SmCo 性材料项目。此外，在储氢材料方面，引进了江钨集团的 1000 吨/年的项目，永磁电机方面引进了横店东磁 2000 万台/年微特电机项目。

6.2.5　产学研结合加快行业转型升级

赣州稀土的出口产品结构欠合理，以中间产品稀土化合物、稀土金属居多，稀土新材料及应用产品比例小。国务院的"若干意见"（国发〔2012〕21 号文）已为赣州稀有金属发展定位，即赣州要成为全国稀有金属的产业基地。借此契机，赣州稀土业为解决企业面临的共同技术难题，充分发挥赣州高校、科研院所和部分企业的技术优势，正致力于建设产学研相结合的科技创新平台。国家离子型稀土资源高效开发利用工程技术研究中心、赣州国家钨和稀土新材料高新技术产业化基地相继获批，澳克泰工具技术有限公司院士工作站、江西理工大学院士工作站先后成立，为攻克关键技术、培植科研成果、吸引领军人才奠定了基础。

为加快产业链从上、中游向下游延伸和提高资源循环利用率，许多企业加大投入，推进技术改造，使产品向应用端发展。

目前，赣州稀土产业体系完整，能独立完成稀土的勘探、采、选、冶（分离）、加工及应用、产品检测和研发，规模化、集群化、专业化、高端化已成为优质企业的发展方向。

6.3　赣州稀土资源对当地经济贡献率分析

稀土资源对当地经济贡献率的分析包含对稀土主要产地中稀土资源的品位、储量、储值进行分析，并结合生产规模、相关产业以及有关政策进行综合分析。对赣州及其他各主要稀土资源产地的稀土资源指标、生产规模指标、关联经济指标、政策指标进行分析。通过 SPSS19.0 进行主成分分析，对我国主要稀土资源产地的资源对当地经济贡献率进行综合评价，对比得出赣州稀土资源对赣州经济贡献率情况。

6.3.1　模型的构建

假设有 m 个市，n 个衡量地区城镇化情况指标。将指标变量记为 X_1，X_2，…，X_n，模型：

$$\begin{cases} X_1 = a_{11}F_1 + a_{12}F_2 + \cdots + a_{1p}F_p + \varepsilon_1 \\ X_2 = a_{21}F_1 + a_{22}F_2 + \cdots + a_{2p}F_p + \varepsilon_2 \\ \qquad\qquad\vdots \\ X_n = a_{n1}F_1 + a_{n2}F_2 + \cdots + a_{np}F_p + \varepsilon_n \end{cases}$$

该模型为因子模型，其矩阵形式表示为 $X_i = a_{ij}F_j + \varepsilon_i$，（$i = 1, 2, \cdots, n;$

$j=1$，2，…，p），其中 F_1，F_2，…，F_p 称为公因子，它们相互之间互为独立；ε_1，ε_2，…，ε_n 为特殊因子，是对应于标准化后的指标向量 X_1'，X_2'，…，X_n' 所特有的因子，也是相互独立的，且与向量 F 独立；矩阵中的元素 a_{ij} 称为因子载荷。

因子载荷阵具体算法步骤如下：

（1）首先将样本数据标准化。

（2）利用 SPSS19.0 软件求样本相关系数矩阵，用来衡量所选指标是否适合进行因子分析。

（3）求相关系数矩阵特征值 R，计算特征值的贡献率。

（4）确定模型的因子个数。

（5）通过主成分分析法求得因子载荷阵。

（6）采用方差最大化法对因子载荷阵进行旋转变换，同时对所提取出的各个因子进行命名。

（7）计算因子得分，对各市进行因子得分排名。

6.3.2　指标体系

从储量、储值、产量、经济、政策等 9 个稀土矿产品指标，延伸出了资源潜力指标、生产规模指标、关联经济指标、政策指标，共 4 个方面构建我国 9 个稀土主要矿产地对当地经济贡献率评价体系（表6-3），各指标层数据见表6-4~表6-7。

表 6-3　稀土主要矿产地对当地经济贡献率评价体系

目标层	功能层	指标层
稀土资源对当地经济贡献率评价体系	资源潜力指标	X_1 矿石品位（%）
		X_2 稀土总储量（万吨）
		X_3 轻稀土储值（千万元）
		X_4 中稀土储值（千万元）
		X_5 重稀土储值（千万元）
	生产规模指标	X_6 稀土总产量（t）
	关联经济指标	X_7 人均 GDP（万元）
		X_8 第二产业增加值（万元）
	政策指标	X_9 开采指标（t）

表 6-4　资源潜力指标

产　地	矿石品位/%	稀土总储量/万吨	轻稀土储值/千万元	中稀土储值/千万元	重稀土储值/千万元
包头	6.65	3500	271267.4	8893.43	518.021

产　地	矿石 品位/%	稀土总 储量/万吨	轻稀土 储值/千万元	中稀土 储值/千万元	重稀土 储值/千万元
山东微山	3.13	440	10372.5	2605.029	141.0121
四川冕宁	2.39	270.63	17299.39	3910.519	4153.941
江西龙南	0.09	97.92	7254.331	15215.97	8363.159
江西寻乌	0.16	489.6	10774.1	16798.82	6010.998
江西信丰	0.09	352.5	22742.51	5093.515	18794.29
广东平远	1.15	8.6	674.9094	1336.37	289.563
广东新丰	0.1	50	929.2598	1715.566	3209.027
广西崇左	0.11	30	1888.494	433.4907	704.7281

表 6-5　生产规模指标

产　地	稀土总产量/t	产　地	稀土总产量/t
包头	59500	江西信丰	745
山东微山	2600	广东平远	300
四川冕宁	25000	广东新丰	1900
江西龙南	2800	广西崇左	2500
江西寻乌	360		

表 6-6　关联经济指标

产　地	人均GDP/万元	第二产业 增加值/亿元	产　地	人均GDP/万元	第二产业 增加值/亿元
包头	12.51	1792.2	江西信丰	2.27	44.32
山东微山	2.94	152.47	广东平远	2.76	34.28
四川冕宁	2.74	42.75	广东新丰	3.61	32.88
江西龙南	2.11	50.6	广西崇左	3.2	277.45
江西寻乌	2.05	16.48			

表 6-7　政策指标

产　地	开采指标/t	产　地	开采指标/t
包头	59500	江西信丰	745
山东微山	2600	广东平远	300
四川冕宁	25000	广东新丰	1900
江西龙南	2800	广西崇左	2500
江西寻乌	360		

6.3.3 过程分析

6.3.3.1 相关系数矩阵

运行 SPSS19.0，得到标准化后的数据和相关系数矩阵，见表6-8和表6-9。

表6-8 标准化后的数据

产 地	X_1	X_2	X_3	X_4	X_5	X_6	X_7	X_8	X_9
包头	2.2922	2.6304	2.6569	0.4382	-0.6925	2.4538	2.6345	2.6384	2.4538
山东微山	0.7129	-0.1281	-0.3164	-0.5934	-0.7551	-0.4034	-0.2598	-0.2065	-0.4034
四川冕宁	0.3809	-0.2808	-0.2374	-0.3793	-0.0886	0.7214	-0.3202	-0.3969	0.7214
江西龙南	-0.6511	-0.4365	-0.3519	1.4753	0.6106	-0.3934	-0.5108	-0.3832	-0.3934
江西寻乌	-0.6197	-0.0834	-0.3118	1.7350	0.2199	-0.5159	-0.5289	-0.4424	-0.5159
江西信丰	-0.6511	-0.2070	-0.1754	-0.1852	2.3431	-0.4966	-0.4624	-0.3941	-0.4966
广东平远	-0.1755	-0.5170	-0.4269	-0.8016	-0.7304	-0.5189	-0.3142	-0.4116	-0.5189
广东新丰	-0.6466	-0.4797	-0.4240	-0.7393	-0.2455	-0.4386	-0.0571	-0.4140	-0.4386
广西崇左	-0.6421	-0.4978	-0.4131	-0.9497	-0.6615	-0.4084	-0.1811	0.0103	-0.4084

数据来源：SPSS 软件数据标准化。

表6-9 相关系数矩阵

相关系数矩阵									
	X_1	X_2	X_3	X_4	X_5	X_6	X_7	X_8	X_9
X_1	1.000	0.878	0.866	-0.031	-0.438	0.893	0.863	0.858	0.893
X_2	0.878	1.000	0.993	0.228	-0.206	0.913	0.962	0.971	0.913
X_3	0.866	0.993	1.000	0.183	-0.198	0.930	0.977	0.982	0.930
X_4	-0.031	0.228	0.183	1.000	0.303	0.098	0.039	0.099	0.098
X_5	-0.438	-0.206	-0.198	0.303	1.000	-0.277	-0.344	-0.312	-0.277
X_6	0.893	0.913	0.930	0.098	-0.277	1.000	0.913	0.905	1.000
X_7	0.863	0.962	0.977	0.039	-0.344	0.913	1.000	0.987	0.913
X_8	0.858	0.971	0.982	0.099	-0.312	0.905	0.987	1.000	0.905
X_9	0.893	0.913	0.930	0.098	-0.277	1.000	0.913	0.905	1.000

从上面的相关矩阵数据中可以看出，大部分相关系数都大于0.3，说明矩阵中存在比较高的相关系数，9个指标之间有一定的相关性，适合进行因子分析。

6.3.3.2 贡献率的计算

本书运用 SPSS19.0 进行主成分分析来提取影响稀土产业资源竞争力的主成分，根据各个主成分的特征值确定指标的权重，最后计算出 9 个我国主要稀土资源产地对当地经济贡献率的得分。根据系统默认的特征值≥1 的原则进行分析并得到主成分特征值及方差贡献率分布表（表 6-10），从表 6-10 中可以看出，前 2 个成分所解释的方差占到总方差的 89.175%，这 2 个主成分能够保留绝大部分信息，提取这 2 个主成分，具体运行结果如下。

表 6-10　主成分特征值及方差贡献率分布表

成分	解释的总方差								
	初始特征值			提取平方和载入			旋转平方和载入		
	合计	方差/%	累积/%	合计	方差/%	累积/%	合计	方差/%	累积/%
1	6.673	74.140	74.140	6.673	74.140	74.140	6.638	73.752	73.752
2	1.353	15.035	89.175	1.353	15.035	89.175	1.388	15.422	89.175
3	0.607	6.749	95.924						
4	0.226	2.509	98.433						
5	0.123	1.364	99.797						
6	0.012	0.129	99.926						
7	0.005	0.060	99.986						
8	0.001	0.014	100.000						
9	-1.492×10^{-16}	-1.658×10^{-15}	100.000						

提取方法：主成分分析。

碎石图

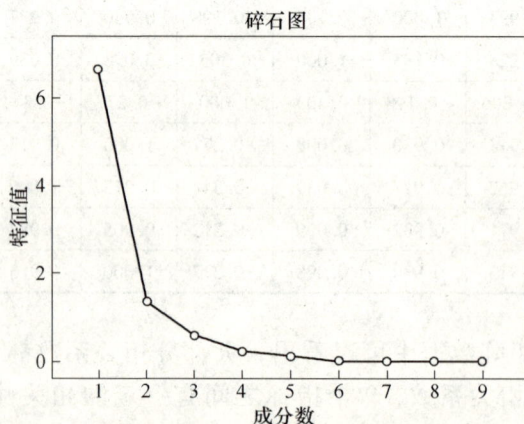

6.3.3.3 因子变量的命名

鉴于旋转前各因子的典型代表变量不是很明显，为了便于对因子进行命名，对因子载荷阵进行旋转，旋转结果见表 6-11。

表 6-11 旋转成分矩阵

	成分	
	1	2
X_1	0.910	-0.246
X_2	0.985	0.082
X_3	0.989	0.059
X_4	0.173	0.836
X_5	-0.281	0.772
X_6	0.964	-0.053
X_7	0.971	-0.117
X_8	0.974	-0.059
X_9	0.964	-0.053

从因子旋转载荷矩阵中可以看到，在公共因子 F_1 中，X_1 矿石品位（%）、X_2 稀土总储量（万吨）、X_3 轻稀土储值（千万元）、X_6 稀土总产量（t）、X_7 人均 GDP 指数（万元）、X_8 第二产业增加值指数（万元）、X_9 开采指标（t）的因子载荷比较大，将其命名为稀土产业中的经济综合主成分。

在公共因子 F_2 中，X_4 中稀土储值（千万元）、X_5 重稀土储值（千万元）的因子载荷比较大，将其命名为稀土产业的中重稀土资源储量主成分。

6.3.3.4 数据计算

依据特征根和累计方差贡献率选出了 3 个主成分，在得出因子成分得分系数矩阵后，计算出 9 个主要稀土资源产地的因子得分，见表 6-12。

表 6-12 成分得分系数矩阵

	成分	
	1	2
X_1	0.128	-0.138
X_2	0.155	0.107
X_3	0.155	0.091

	成　分	
	1	2
X_4	0.066	0.623
X_5	-0.007	0.554
X_6	0.146	0.007
X_7	0.144	-0.040
X_8	0.147	0.003
X_9	0.146	0.007

旋转后的因子得分表达式可以写成：

$$F_1 = 0.128 \times X_1 + 0.155 \times X_2 + 0.155 \times X_3 + 0.066 \times X_4 - 0.007 \times X_5 + 0.146 \times X_6 + 0.144 \times X_7 + 0.147 \times X_8 + 0.146 \times X_9$$

$$F_2 = -0.138 \times X_1 + 0.107 \times X_2 + 0.091 \times X_3 + 0.623 \times X_4 + 0.554 \times X_5 + 0.007 \times X_6 - 0.040 \times X_7 + 0.003 \times X_8 + 0.007 \times X_9$$

根据SPSS19.0的输出结果，可以得到各主因子的得分，同时根据因子得分可以计算出9个主要稀土资源产地的综合得分和排名，见表6-13。

表6-13　我国各稀土主要产地稀土资源对当地经济贡献率得分和排名

产地	经济发展	排名	中重稀土	排名	综合得分	排名
包头	2.63041	1	0.03314	4	1.95517	1
四川冕宁	0.05020	2	-0.36785	5	-0.01809	2
山东微山	-0.19709	3	-0.92478	7	-0.28516	3
江西寻乌	-0.31945	4	1.26352	2	-0.04687	4
江西龙南	-0.35720	5	1.28226	1	-0.07204	5
江西信丰	-0.44075	7	1.24478	3	-0.13962	6
广东新丰	-0.46706	8	-0.60241	6	-0.43685	7
广西崇左	-0.42524	6	-0.95877	8	-0.45942	8
广东平远	-0.47383	9	-0.96990	9	-0.49712	9

综合得分　　$F = (\lambda_1 F_1 + \lambda_2 F_2 + \lambda_3 F_3) / (\lambda_1 + \lambda_2 + \lambda_3)$　　　　(6-1)

式中，λ_p 为最大特征值，$p = 1, 2, 3, \cdots$。

鉴于前面在做因子分析之前已经将数据进行了标准化处理，所以根据上述排名情况的总结，数值越大说明稀土产业对当地经济贡献率越高。

表 6-13 显示，赣州（寻乌、龙南和信丰）的稀土资源对当地经济的贡献率排名居中，分别为第 4、5 和 7；因赣州的稀土为中重稀土，对赣州经济的贡献率排名居首位，分别是第 2、1 和 3；资源对当地经济的贡献率综合得分排名在全国居中，为第 4、5 和 6。

6.4 赣州稀土产业发展优势及存在的问题

6.4.1 赣州稀土发展优势

6.4.1.1 资源优势

稀土矿储量大、元素种类齐全、中重稀土元素含量高。其中，龙南高钇型重稀土具有垄断性的优势，富含镝（Dy）、铽（Tb）、钇（Y）、铕（Eu）等元素，为生产永磁和发光材料等稀土功能性材料提供了理想的资源保障，在此，其他稀土资源无法与其相提并论。并且，上述实证分析结果也显示出赣州具有代表性的典型稀土资源在我国具有竞争优势较强。

6.4.1.2 资源管理优势

经过近些年的稀土行业的治理整顿，在稀土矿产品的生产经营管理上已实现了管理、开采、经营、规划、招商五个方面的统一，并且成效显著，为行业中下游的发展和管理积累了经验，奠定了基础。

6.4.1.3 技术优势

赣州有色冶金研究所在南方离子型稀土开发、分离、金属冶炼工艺技术研究及应用在行业内处于国际领先水平，是"离子型稀土原地浸矿新工艺""江西稀土洗提工艺"的发明单位。所研发的第一、第二、第三代离子型稀土洗提工艺，开发的成套离子型稀土冶炼工艺及设备，为赣州稀土深加工的发展壮大提供了强大的前提支撑。

6.4.1.4 产业基础优势

赣州市拥有的一批国内先进的稀土采选冶企业，涵盖了稀土矿山、冶炼分离、金属冶炼、稀土功能材料生产、功能材料应用等环节，产业链完整，已经成为我国最大的离子型稀土矿山开采、选、分离和冶炼的生产基地，部分产品的质量达国际国内先进水平。

6.4.1.5 政策优势

国务院的"若干意见"（国发〔2012〕21 号文）明确指出，对赣州稀土产业基地和产学研创新基地这两基地的建设，享受国家高新技术产业园区和新型工业化产业示范基地扶持政策。国家在稀土产业布局上，对资源地利益予以充分考虑，在赣州组建大型稀土企业集团，现已完成。"若干意见"成为赣州稀土产业发展强力的政策支撑和保障。

目前赣州合法稀土采矿权证占全国总量的85.4%。近些年国家下达的中重稀土开采指标，赣州占全国的八成以上。

6.4.1.6　区位优势

赣州毗邻珠三角开放地区，在接受沿海辐射、承接产业转移方面较内陆地区有明显的区位优势，尤其是"赣粤承接走廊"为赣州稀土产业的发展搭建了良好的投资平台。

6.4.2　赣州稀土存在的问题

（1）我国稀土产业的痼疾——"稀土黑色产业链"。自2008年以来，国家对稀土开采出台了一系列政策，但因赣州稀土的矿点分散且开采工艺简单，在丰厚利润的驱使下，无证开采现象严重，低价的稀土产品充斥市场。稀土产业多年来至今，一直存在着一条非法开采、生产、出口的黑色利益链条，严重扰乱了赣州乃至全国的稀土市场秩序，正规企业的生存直至稀土产业的安全都受到严重威胁。"黑色产业链"严重影响产业秩序，导致产能过剩，每年稀土矿产品生产指令性计划和冶炼分离计划占产能的比例约为50%、20%。国外海关在2014年统计数据显示，来自中国的稀土量，高出我国海关统计的出口量达1.2倍之多。黑色稀土产业链的稀土供给量在2015年占国内总供给量的60%，造成行业产能过剩严重，致使我国稀土出口量大增，价格大跌，行业整体处于亏损状态。

（2）稀土资源开采过度，采补不平衡。离子型稀土经过近40年的开采，已探明的资源已被大量消耗。目前赣州未能获得新增稀土采矿权。现有稀土矿山资源经过长期的开发利用，尤其是矿山面积小、资源储量少，部分矿山已枯竭或接近枯竭，稀土资源难以满足稀土产业长期、持续发展的需求。

（3）初级产品调控乏力。在赣州的稀土分离企业中，能一次性生产15个单一高纯产品的企业仅有2家，很多企业销售的是初级富集物稀土产品，给资源造成二次浪费。60%的分离产品和90%的金属产品地理流向是日本、欧洲等国家和地区；国内则流向浙、粤发达地区。这直接导致国内外市场对赣州稀土资源依存度不高，削弱了赣州调控稀土资源的主动权。

（4）产业链结构性矛盾突出。目前，赣州市稀土原矿、分离和金属产品、深加工产品产值比约为15：80：5，应用产业则几乎为零。这种结构势必造成初级产品供大于求，使初级产品的流失量更大。一些新上和在建的稀土永磁项目又基本为中低档产品，造成了新一轮重复建设和产品趋同。

（5）配套产业影响产业链延伸。首先，化工原材料供给得不到保证。化工原料是稀土分离企业必需的生产原料，本地供给不足。目前，赣州稀土分离企业需要大量从外地购进以保证生产的顺利进行。其次，后续配套不足。稀土磁材项目在后续机械加工和电镀方面不配套，严重影响其应用端的前景。最后，资本市场、技术市场不成熟，制约了稀土产业链向精深加工方向的延伸。

（6）环境治理难度大。赣州地区稀土矿区的林权与采矿权相分离，利益关系错综复杂，矿地矛盾尖锐。之前的滥采滥挖及开采工艺落后，导致地表有97.34平方公里的面积遭受毁坏，现有302个矿点被废弃，治理环境的费用预计达数十亿元。虽然先进的原地浸矿技术的推广应用解决了水土流失问题，但也可能带来地下水、土壤氨氮超标问题，环境形势不容乐观。

（7）产业链下游的技术创新能力弱，产业升级缺乏技术支撑。赣州稀土产业主要集中在产业链条的前端，矿山开采和初级加工产品约占产业总量的70%以上，产业链下游的产品即后端稀土功能材料的生产和应用比重较其他发达地区偏低。稀土永磁材料、发光材料及应用器件技术水平处于世界水平的中低端或空白状态，现有科研院所的研究领域大多集中于开采、冶炼分离上，后端的高科技功能材料技术研发及储备薄弱，对产业升级缺乏有效支持。

第 3 篇

资源地稀有金属产业转型升级策略

ZIYUANDI XIYOU JINSHU CHANYE ZHUANXING SHENGJI CELÜE

7 资源地稀有金属产业转型升级策略

对于资源地的稀有金属产业而言，产业的发展始于资源的采选，随着技术水平的提高，产业向冶炼加工方向进深，进而不断发展到深加工或应用产品，最后形成采选冶加工完整的产业链。那么，对于资源地稀有金属产业的转型升级，要考虑产业的上游、中游直至下游整个产业链的每个环节。因此，企业的兼并联盟策略可以实现供给侧上对上游的资源总量进行控制；产业集群和产业链的延伸策略是产业转型升级的必经之路。

资源地稀有金属产业转型升级涵盖表层升级和深层次升级两级内涵。前者指的是稀有金属采、选、冶、加生产企业技术装备更新改造，生产技术达到国内乃至国际先进水平，生产效率大幅提升，淘汰落后产能，产业链延伸或完善，实现规模经济；后者着眼点在于产业发展内在增长动力的形成，管理、营销、技术等推陈出新，生产成本持续下降，竞争力不断增强，实现可持续发展。

7.1 企业联盟策略

为了实现规模经济和提高产业集中度，企业可以通过联盟的策略控制供给量，稳定价格，企业间在竞争中有合作，实现产业的有效竞争。

企业经营的目的就是为了自己经济利益的最大化，这就不可避免地出现同行的竞争甚至恶性竞争，两败俱伤。要实现企业间的有序竞争，解决好个体（企业）利益和集体（行业）利益间的矛盾是关键。

博弈论分为合作博弈和非合作博弈。两者的区别在于参与人在博弈过程中是否能够达成一个具有约束力的协议。倘若不能，则称非合作博弈。非合作博弈是现代博弈论的研究重点，其目的主要是为了解决个人理性和集体理性的矛盾。在博弈论中，这个矛盾从"囚徒困境"可以得到具体反映。

"囚徒困境"是说两个嫌疑犯作案后被警察逮捕，分别关在不同的屋子里审讯，警察告诉他们，如果两个人都坦白，那么每人判刑 8 年；如果两个人都抵赖，每人各判刑 1 年；如果其中一个人坦白，另一个人抵赖的话，坦白的人释放，抵赖的人判刑 10 年。表 7-1 是囚徒困境的战略表达式，这里每个囚徒都有两种战略：坦白或抵赖，表中的数字表示对应的战略组合下两个囚徒的支付。

表7-1 囚徒困境战略表达式

		囚徒 A	
		坦 白	抵 赖
囚徒 B	坦 白	-8，-8	0，-10
	抵 赖	-10，0	-1，-1

在这个博弈中，AB 最优战略组合是（坦白，坦白），尽管从总体上看，（抵赖，抵赖）是对两个人都有益的结果，但由于不是最优战略组合，所以不是该博弈的解。因为，给定 B 坦白的情况下，A 的最优战略是坦白；同样，A 坦白的前提下，B 的最优战略是坦白，AB 最优战略的组合却不是总体最优的选择，有没有可能其中一个选择抵赖呢？按照人是理性的假设，没有人会积极地这么做，因为如果对方坦白的话，自己就可能判刑 10 年，理性的人是不会冒这种险的。囚徒困境反映了一个深刻的哲学问题：个人理性和集体理性的矛盾，但同时也得到一个重要的结论：一种制度（体制）安排，要发生效力，则这种体制安排必须是一种最优战略组合，谁也不愿意去破坏它，这个组合就是"纳什均衡"。

纳什均衡是完全信息静态博弈类型中的均衡。"完全信息"指的是每一个参与人对所有其他参与人（对手）的特征、战略空间（即参与人选择行动的规则）及支付函数（即参与人从博弈中获得的效用水平）有准确的知识。"静态"指的是博弈中，参与人同时选择行动或虽非同时，但后行动者并不知道前行动者采取了什么具体行动。

纳什均衡的意思是假设有几个人参与博弈，给定其他人战略的条件下每个人选择自己的最优战略（个人最优战略可能依赖于也可能不依赖于其他人的战略），所有参与人选择的战略一起构成一个战略组合。纳什均衡指的是这样一种战略组合，这种战略组合由所有参与人的最优战略组成，也即给定别人战略的情况下，没有任何单个参与人有积极性选择其他战略，从而没有任何人有积极性打破这种均衡。可以说纳什均衡是一种"僵局"，给定别人不动的情况下，没有人有兴趣动。

博弈论在产业组织中的应用主要表现在定价定产方面：

其一，产量确定。产量确定，可以使用库诺特（Cournot）寡头竞争模型。在此模型中，$q_1^* = R_1(q_2)$，$q_2^* = R_2(q_1)$，这是一个反应函数，意味着每个企业的最优战略（产量）是另一个企业产量的函数。两个反应函数的交叉点就是纳什均衡 $q^* = (q_1^*, q_2^*)$。

其二，价格确定。在库诺特寡头垄断模型中，产品是同质的。在这个假设下，如果企业的竞争战略是价格而不是产量，则不同企业生产的产品要有差异，此时消费者对不同企业的产品有着不同的偏好，均衡价格会高于边际成本而获利。最佳效益的产量也就是当产业内的企业在有效竞争的状态下的产量，它受价格的影响而产生。有效竞争的产量，或者说有效竞争的价格的确定，可以用博弈的方法，通过建立产业内竞争对策模型来揭示。

7.1.1 最佳效益的稀有金属资源总量控制博弈

假定在资源地地理区域范围内有 n 家稀有金属企业，区域外有 $N-n$ 家稀有金属企业（用 i 表示，$i=1$，2，$\cdots$，N）向市场提供稀有金属产品，各稀有金属企业可采用各种竞争策略（如价格策略、质量策略、提高销售服务策略）来吸引客户，这里用 V_i 表示稀有金属企业 i 的竞争策略组合。

令稀有金属企业 i 的成本为 C_i，稀有金属价为 P_i，需求函数为 $Q_i = f(V_i)$，利润函数为 $\pi_i = P_i Q_i - C_i$。一般情况下，在一定时期内，该市场对稀有金属的总需求量是有最大限制（设为 Q_0）的，这意味着稀有金属企业 i 的需求 Q_i 既取决于自己的竞争策略组合 V_i，又受制于其他稀有金属企业的竞争策略组合，因为其他稀有金属企业若采取有效的竞争策略，则势必会影响到客户对稀有金属企业 i 的稀有金属品需求量，进而影响到稀有金属企业 i 的利润函数 π_i，故 π_i 可表示为 $\pi_i(V_1, V_2, \cdots, V_n)$。

静态非合作对策蕴含这样一个假定：竞争对手是同时做出竞争对策的，或虽然是非同时决策，但后决策者在决策时对先决策者的决策一无所知，给出下列模型，即

$$\begin{cases} \max \pi_i(V_1, V_2, \cdots, V_n) \\ \sum_{i=1}^{n} Q_i(V_1, V_2, \cdots, V_3) \leqslant Q_0 \end{cases}$$

式中，Q_0 为该地区对 N 家稀有金属企业的最大需求总量。

对于模型

$$\begin{cases} \max \pi_i(V_1, V_2, \cdots, V_n) \\ \sum_{i=1}^{n} Q_i(V_1, V_2, \cdots, V_3) \leqslant Q_0 \end{cases}$$

令 $f_i(V_i) = \pi_i(V_1, V_2, \cdots, V_n)$，$g(V_i) = Q_0 - \sum_{i=1}^{n} Q_i(V_1, V_2, \cdots, V_3) \geqslant 0$

则上述模型可转换为非线性规划模型：

$$\begin{cases} \min f_i = -\max \pi_i(V_1, V_2, \cdots, V_n) \\ g(V_i) = Q_0 - \sum_{i=1}^{n} Q_i(V_1, V_2, \cdots, V_3) \geqslant 0 \end{cases}$$

用库恩-塔克（Kuhn-Tucker）条件求解该非先行规划模型，可得出满足 $\max \pi_i(V_1, V_2, \cdots, V_n)$ 的 $K-T$ 点 V_1^*，V_2^*，$\cdots$，V_N^*，则 $V^* = (V_1^*, V_2^*, \cdots,$

V_N^*）为纳什均衡解。也就是说，在竞争中，必然存在这么一种战略组合 $V^* = (V_1^*, V_2^*, \cdots, V_N^*)$ 使各个稀有金属企业能保持有效的竞争。

这种战略组合可以是资源地稀有金属企业间的联盟，即整合。通过这种联盟，内部协调，实现总产量的控制。

7.1.2 资源地稀有金属纳什均衡价的确定

7.1.2.1 资源地稀有金属价格的"囚徒困境"

资源地稀有金属企业多，产品低端，技术含量低，稀有金属产品主要靠价格优势取得市场。行业内部分企业自律意识较差，只顾眼前利益，低价销售严重影响整个稀有金属产业的健康发展，出现个体利益和整体利益间的矛盾，使稀有金属价格上陷入了"囚徒困境"。为简单起见，设有甲、乙两家稀有金属企业在打价格战，它们的价格决策由"降价"和"维持价格"两种策略进行组合。甲降价而乙维持时，其获利结果是：甲获利15，乙损失5（整体获利10）；甲维持且乙也维持时，则甲获利5，乙获利10（整体获利15）；甲维持而乙降价时，则甲损失10，乙获利15（整体获利5）；甲降价且乙也降价时，则甲损失5，乙损失5（整体损失10）。表7-2是稀有金属价格上的"囚徒困境"。

表7-2 稀有金属价格上的"囚徒困境"表达式

		甲企业	
		降 价	维持价格
乙企业	降 价	−5, −5（整体损失10）	−10, 15（整体获利5）
	维持价格	15, −5（整体获利10）	5, 10（整体获利15）

在概率均等的情况下，各自的收益情况是：

（1）甲企业降价时的收益：$(-5) \times 50\% + 15 \times 50\% = 5$；

（2）甲企业维持价格时的收益：$(-10) \times 50\% + 5 \times 50\% = -3.2$；

（3）乙企业降价时的收益：$(-5) \times 50\% + 15 \times 50\% = 5$；

（4）乙企业维持价格时的收益：$(-5) \times 50\% + 10 \times 50\% = 3.2$。

上面的结果表明，为了自身利益的最大化，甲乙两企业都会不可避免地选择降价策略，但是，该策略组合使整体利益最小化，整体损失10。从长远看，随着整体利益的受损，个体利益也会受到挑战，企业的生存问题就暴露出来了。因此，作为决策主体的企业，若能在竞争中进行合作，采取的竞争策略对企业（个体）、行业（整体）甚至客户（公众）都有利，即"纳什均衡"解，那么企业

（个体）和行业（整体）长远可持续发展问题可以得到解决，公众的利益也可以得到保证。

7.1.2.2　稀有金属价格实现合作自律的纳什均衡分析

若在竞争中决策主体（稀有金属出口企业）能采取合作态度，对彼此有利的"纳什均衡"解是可得的，就可以解决个体（各企业）利益和整体（行业）利益之间的矛盾，市场效果也是满意的。

设有 N 家稀有金属企业（用 i 表示，$i=1$，2，…，N）提供稀有金属产品，各稀有金属企业可采用各种竞争策略（如质量策略、价格策略、提高销售服务策略）来吸引客户，用 V_i 表示稀有金属企业 i 的竞争策略组合。

令稀有金属企业 i 的成本为 C_i，稀有金属价为 P_i，需求函数为 $Q_i=f(V_i)$，利润函数为 $\pi_i=P_iQ_i-C_i$。

A　稀有金属企业间静态非合作各自利润最大化时的纳什均衡解

为简单起见，假定只有甲乙两家稀有金属企业（$i=1$，2），它们的成本函数为 C_1，C_2，降价策略为它们的主要竞争策略 $V_i(i=1$，2），则它们的需求函数 $Q_i=f(V_i)$ 为 $Q_1=q_1+\alpha P_1$ 和 $Q_2=q_2+\alpha P_2$，因价格策略为降价，故 $\alpha<0$；q_1、q_2 分别为市场对两企业的稳定需求量，$Q_1+Q_2\leqslant Q_0$，Q_0 为市场总需求量，它们的静态非合作对策模型的纳什均衡解为：

$$\max P_1(q_1+\alpha P_1)-C_1 \qquad \max P_2(q_2+\alpha P_2)-C_2$$
$$\text{s. t.} \qquad Q_1=q_1+\alpha P_1, \qquad Q_2=q_2+\alpha P_2, \qquad Q_1+Q_2\leqslant Q_0$$

两企业为满足市场需求可能会扩大产量，故可取 $Q_1+Q_2=Q_0$。

引入 Lagrange 函数可得：

$$L_1=(q_1+\alpha P_1)P_1-C_1-\lambda(Q_0-q_1-\alpha P_1-q_2-\alpha P_2)$$
$$L_2=(q_2+\alpha P_2)P_2-C_2-\lambda(Q_0-q_1-\alpha P_1-q_2-\alpha P_2)$$

由一阶最优化条件 $\dfrac{\partial L_1}{\partial P_1}=\dfrac{\partial L_2}{\partial P_2}=0$，解得纳什均衡解为：

$$P_1-P_2=\frac{q_2-q_1}{2\alpha}=\frac{-1}{2\alpha}(q_1-q_2) \tag{7-1}$$

因为 $\alpha<0$，所以，$\dfrac{-1}{2\alpha}>0$。如果 $q_1>q_2$，则 $P_1>P_2$，说明稳定需求量大的稀有金属企业的稀有金属价高于稳定需求量小的稀有金属企业的稀有金属价；$\dfrac{-1}{2\alpha}$ 说明稀有金属价差额的大小与稳定需求量的差额成正比。

在稀有金属行情较好时，两企业都有扩大生产使供给量超过需求的可能性。为了能让自己的稀有金属产品能销售出去，其中一个企业就有可能采取降价策略。此时，两企业的价格差就未必能保持如式（7-1）不变。因此，有必要考虑各企业在最优价格下的最优产量是多少。当甲稀有金属企业不考虑乙的决策时，问题就转化为甲企业自身的最优化决策问题。设此时甲乙的产量分别为 Q_1^*，Q_2^*，对应的稀有金属价为 P_1^*，P_2^*，对 $\pi_1 = P_1(q_1 + \alpha P_1) - C_1$ 与 $\pi_2 = P_2(q_2 + \alpha P_2) - C_2$ 求最大值，得

$$P_1^* = \left(\frac{-1}{2\alpha}\right) q_1, \quad P_2^* = \left(\frac{-1}{2\alpha}\right) q_2$$

P_1^*，P_2^* 之间存在关系 $P_1^* - P_2^* = \left(\frac{-1}{2\alpha}\right)(q_1 - q_2)$。

（1）若 $Q_1^* + Q_2^* \leqslant Q_0$，则两个稀有金属企业按各自的优化产量生产，此时

$$P_1^* - P_2^* = \left(\frac{-1}{2\alpha}\right)(q_1 - q_2)$$

显然这与甲考虑乙决策时的均衡条件是一致的，不存在过度竞争。

（2）若 $Q_1^* + Q_2^* > Q_0$，甲乙企业在不合作的情况下，竞相压价，以求获得各自的 Q_1^* 和 Q_2^*，其和超过了市场需求，出现一定程度的竞争过度，两者俱伤，通常规模小、成本高的稀有金属企业在竞争中处于不利状态。

B　两稀有金属企业合作竞争时的最优价

合作竞争对策要求整体利益最大化，即要求 max（$\pi_1 + \pi_2$）。具体如下：

$$\max P_1(q_1 + \alpha P_1) + P_2(q_2 + \alpha P_2) - C_1 - C_2$$
$$\text{s. t.} \quad q_1 + q_2 + \alpha P_1 + \alpha P_2 \leqslant Q_0$$

若稀有金属价格是影响稀有金属用户选择稀有金属企业的主要因素，则两稀有金属企业合作，必然在稀有金属价格上达成协议，对此可知：

（1）若 $Q_1^* + Q_2^* \leqslant Q_0$，甲乙两稀有金属企业的各自决策优化解同时也是合作竞争对策的解，由于两稀有金属企业的利润各自达到最大化，整体利益也达到最大化，因此竞争是有效的。

（2）若 $Q_1^* + Q_2^* > Q_0$，即使两稀有金属企业不合作的话，均衡解必定满足：

$$P_1 - P_2 = \left(\frac{-1}{2\alpha}\right)(q_1 - q_2)$$

由于 π_i 是 Q_i 的增函数，所以当 $Q_1 + Q_2 = Q_0$ 时的 P_1，P_2 为最优解，两稀有金属企业合作竞争对策中的价格协议（最优价格）满足下列联立方程组，即

$$\begin{cases} P_1 - P_2 = \left(\frac{-1}{2\alpha}\right)(q_1 - q_2) \\ q_1 + q_2 + \alpha P_1 + \alpha P_2 = Q_0 \end{cases}$$

解之求得协议价格为：

$$P_1 = \frac{1}{2\alpha}Q_0 - \frac{3q_1 + q_2}{4\alpha}, \qquad P_2 = \frac{1}{2\alpha}Q_0 - \frac{q_1 + 3q_2}{4\alpha}$$

因此，在合作情况下稀有金属自律价格的纳什均衡解是可得的。说明目前在信息沟通畅通的条件下，若政府、行业和稀有金属企业各层次的对策组合进行调整和规范，各稀有金属企业进行理性的合作，则企业间的有序竞争，个体（企业）利益和整体（行业）利益的最大化均可同时实现。

从上述论证可知，企业通过联盟来实现资源的总量控制和统一定价是完全可行的。但企业的联盟，或者说集团公司的建立，或者说行业卡特尔的形成过程中，要实现联盟内部和外部的稳定，国外相关研究（Selton R）已论证参与联盟的企业数应控制在 6 个最为合适（论证过程详见文献 [93]）。

7.2　产业集群策略

产业集群是指在一个区域中某个产业的多家分工不同、规模不同的企业以及与该产业发展相关联的机构和组织等行为主体，通过网络式的关系联系在一起的空间积聚体。

按生产要素配置来分，有劳动密集型、资源密集型和技术密集型产业集群，其中，资源是资源型产业集群的基础，发展资源型产业是该集群的前提。其特点是：

（1）依托特定自然资源发展起来的。

（2）产业结构单一和供应链形式简单。

（3）缺乏互补性、网络性，而专业性突出。

（4）自然资源的供应关系是集群内各企业成员间的关系的基础，主要表现为一种直线式关系而非网状关系。

产业集群的空间集聚优势主要表现在三个方面：

一是集群内企业共享区域优惠政策、技术服务、金融服务、物流服务、公共基础设施等公共服务资源，极大地降低了生产成本，形成主导产业集群的价格竞争优势。

二是产业集群有利于降低交易费用。在集群内部信息流动更为顺畅，减少企业间信息不对称现象，从而降低企业间的交易成本。

三是集群内部的企业间形成互助关系，新的观念、知识、技术、战略或制度，在竞争气氛中会从一家企业扩散到另一家，推动产业转型升级。

产业集群政策就是，一方面要引导产业新建企业在选址上向产业集聚区靠拢，充分利用产业集聚区已形成的优势环境和条件；另一方面是对产业已相对形成的集聚区给予各个方面的支持。比如，对稀有金属可以分为冶炼分离企业集聚区、新材料生产集聚区以及高新技术企业集聚区，根据它们生产经营中存在的问题，有针对性地提供服务，给予政策支持和产业发展指导，效果事半功倍。

稀有金属产业在资源地形成产业集群具有可行性和产业带动性。

首先，主导产业企业集聚。在我国，稀有金属采掘企业选址在矿床附近，选矿、冶炼和加工企业选址会考虑电力资源的廉价性和基础设施情况等因素，因而很容易集聚在资源地附近，从而形成产业集群。

其次，配套产业的跟进集聚。主导产业的配套设施和服务，如机器设备、化工原料、电气自动化等配套产业和金融、咨询、物流等服务的供应商也会围绕稀土金属产业集群而集聚，从而引致一系列服务于稀有金属产业集群的配套产业集群的诞生。

资源地稀有金属产业集群的作用是：

（1）形成新型的合作竞争机制。目前，在采、选、冶等生产环节去产能是资源地稀有金属产业要解决的主要问题之一。如果单纯依靠行政和产业政策手段难以完成或达到最佳效果，必须以市场机制手段为主，行政和产业政策为辅，淘汰落后产能。在产业集群效应充分发挥下，落后产能要么因竞争被淘汰，要么因合作被兼并。

（2）降低稀有金属企业成本。第一，交易成本的降低。资源地稀有金属产业集群的形成，尤其是以大企业主导的产业集群的形成，大企业外的其他企业或机构与大企业之间的合作，多半是长期性和颇具规模性的。加之集群内信息流的快速畅通，减少了信息不对称现象。长期的合作，可以有效防止机会主义和降低道德风险，稀有金属产业的各企业间交易成本得到降低。第二，技术创新成本的降低。集群内合作竞争机制的存在，加强了企业间技术创新的合作。集群内信息流动的加快，使企业在短期内学习、掌握和应用新工艺变得简单易行，同时从企业的产品寿命周期学习曲线也可以见证，企业生产成本和技术成本随着产量增加而降低。

（3）加快产业技术创新步伐。地缘因素使得稀有金属新的生产工艺和技术在短期内得到扩散和普及。由于成果推广较快，研发人员也会倾向服务于该集群，使他们有更多的科研机会、更好的要素条件，并且能使他们在不断变化的竞争环境中，寻找新的研发动力，在集群内共同制定标准，共同开展技术攻关，无论是在管理技术上，还是在生产技术、新产品研发等方面开创新局面，最终实现产出的增加和竞争力的提高。

（4）推动企业"软实力"的创新和提升。企业的"软实力"涉及观念、管理、营销、制度、企业文化等方面的企业实力。其一，企业间的竞争，会倒逼企业在竞争中不断学习新的经营理念和生产经营模式，更新管理制度，建立企业赖以生存发展的企业文化，探索符合市场运行规律的营销模式，拓宽营销渠道。其二，稀有金属产业集群内的主导企业都是通过产业链而连接起来的，每个链节的状况会直接影响到其上游和下游的链节的生产经营。由于集群内存在合作竞争机制，使得企业间的合作会得到加强，该机制是基于企业间的相互信任。因此，受地缘因素的影响，"软实力"较强企业的经验在短期内产生知识溢出效应，无论是显性知识还是隐性知识，诸如新思想、新观念、新技术等，在集群内会快速传播。其结果是稀有金属产业集群内企业的总体软实力得到提升，整个行业的竞争力也得到加强。

7.3 产业链延伸策略

产业链是产业各个部门之间基于一定的技术经济关联，并依据特定的逻辑关系和时空布局关系客观形成的链条式关联关系形态，其本质是用于描述一个具有某种内在联系的企业群结构，具有结构属性和价值属性。产业链中大量存在着上下游关系和相互价值的交换，上游环节向下游环节输送产品或服务，下游环节向上游环节反馈信息。

产业链具有四大功能效应，能加快企业的转型升级：

第一，整合效应的作用。无论是产业链的上游还是中游和下游，都由诸多企业组成。其中有优质企业，也不乏经营不善者。企业间的兼并重组可以实现资源的有效配置和企业间的优势互补，提高劳动生产率。

第二，集聚效应的作用。产业链中行业龙头企业的纵向延伸或横向拓展，其结果都能使上下游企业相互关联，在生产、销售、技术研发等企业的经营活动中集聚，形成产业集群。

第三，竞合效应的作用。要提高产业链的整体竞争力，实现企业个体和行业整体利益的最大化，行业内企业竞争非单纯性的恶性竞争，而是在竞争中有合作，在合作下竞争，共同分享市场，实现整个行业的有序竞争，维护行业的可持续发展。

第四，协同效应的作用。产业链上游企业因价值交换关系而相互关联在一起，产业链的完整性促使每个链节要保证其正常的运行，各链节之间必须衔接良好，这就要求产业链中的各企业要通过物质或信息交换等方式相互作用，使整个产业链（行业）真正实现整体效应，这种协同效益有利于企业和行业的发展。

产业链是一条产品增值链。从上游开始，往中游、下游方向延伸，资本和技术密集程度越高，其产品的附加值也就随之升高。因此，下游的精深加工产品在整个产业链中，产品附加值最高。

因此，对于资源地的稀有金属产业，资源优势要转化为经济优势，要充分发挥产业链的功能效应，在企业兼并联盟的基础上，使产业链向下游延伸，从事技术含量、资金含量相对较高的深加工、精加工和精细加工经济活动，提高产品的附加值，获得经济优势。

8　资源地稀有金属产业发展政策

产业政策是指政府为了促进产业经济发展，根据产业发展规律的客观要求，综合运用经济手段、法律手段以及必要的行政手段，调整产业关系，维护产业运行，促进产业发展，达到对社会资源的最优配置，重新调整产业经济活动的一种政策导向，主要由产业布局政策、产业组织政策、产业结构政策、产业技术政策，以及其他对产业发展有重大影响的政策和法规构成。

8.1　资源管理法规和政策

8.1.1　制定出台资源管理法律法规或管理条例

国家拥有矿床资源的所有权，为了保护资源，规范矿业生产经营秩序，政府通过立法，以法律的手段对矿产资源和地质勘探和采掘实行管理，实施许可证制度。

8.1.2　资源储备政策

对于稀有金属等战略资源，国外一些国家，一方面对本国资源采取了停产、限产等保护政策，另一方面瞄准资源地廉价的资源，在加大从资源地进口数量的同时，把相关产业转移到资源地，包括一些原材料生产型企业转移。最近几年一些发达国家推行政府和企业两级储备政策，低价购买并囤积稀有金属产品。

8.2　稀有金属产业布局政策

产业布局是从全局性、战略性的角度出发，对产业在某一区域内实施空间上布局。不同的产业在企业布局时考虑的因素也不同，稀有金属产业布局政策应该从维护经济公平和社会稳定等目标出发，更重要的是要考虑布局对资源地经济发展的贡献率。

8.2.1　稀有金属冶炼分离企业资源地布局政策

稀有金属冶炼分离企业资源地布局政策，就是稀有金属冶炼分离生产企业应在稀有金属矿床所在地区（州、市或县）选址建设，其优势有：

一是通过科学合理的选址建设，资源地综合利用率可以得到提高，有利于成本的降低。

二是可以充分调动当地政府的积极性，而且便于地方政府在稀有金属资源保护和开采利用方面统筹规划。

三是可以为当地经济和社会发展作出一定贡献，因拥有稀有金属资源的地区大多数是相对贫困和落后的地区，资源开发能给他们带来不菲的经济利益。

对现有的稀有金属冶炼分离企业，在推动稀有金属产业并购和实行稀有金属企业准入制度政策中，应该向资源所在地企业倾斜，更多地帮助资源所在地稀有金属企业做强做大。

8.2.2　稀有金属产业集群和企业重组政策

稀有金属产业集群政策就是，一方面要引导稀有金属新建企业在选址上向产业集聚区靠拢，充分利用产业集聚区已形成的优势环境和条件；另一方面是对稀有金属产业已相对形成的集群区给予各个方面的支持，例如，对冶炼分离企业集聚区、新材料生产集聚区以及高新技术企业集聚区，根据它们生产经营中存在的问题，给予分类指导、技术支持和提供相关服务等。

8.3　稀有金属产业组织政策

8.3.1　稀有金属冶炼分离企业准入政策

我国稀有金属产业中存在的生产规模小、设施简陋、高资源消耗和能耗、产品雷同、质量不稳定、技术含量低和过度竞争等问题，主要发生在分离冶炼企业。对冶炼分离企业必须采取高门槛（即高壁垒）政策。

8.3.2　稀有金属产业并购和国际化政策

兼并与收购有利于推动企业资产存量的流动，使生产要素向优势企业集中，得到优化组合，产生规模效益和专业化效益，从而提高产业化组织程度。同时，也有利于淘汰落后的生产力和提高产品的质量，从而达到优化产业结构的目的。

8.3.3　扶持中小稀有金属企业发展政策

稀有金属产业的中小企业在资源规模、经营规模和技术能力等方面，难以与大企业相提并论，在竞争中要承受更大的风险，但他们的生存与整个行业的健康发展休戚相关。因此，可从以下几方面扶持稀有金属中小企业的发展，以确保行业整体实力的增强：

（1）经营指导。组织技术、营销和管理等方面的专家对中小稀有金属企业经营管理进行诊断，就产品定位、技术创新、生产经营管理等各方面提出意见和建议。

（2）技术援助。一是在技术转让方面，稀有金属的新技术和研究成果，应考虑经常向中小企业提供无偿或低价转让；二是为中小企业提供技术合作研发的机会，鼓励他们共同参与技术创新，培养他们自己的技术骨干；三是对员工进行技术培训，提高整体技术水平。

（3）财政、税收和金融扶持。一是从财政中拨出转款，用于中小企业的技术创新和产品研发；二是在税收方面，对稀有金属中小企业予以优惠，特别是对高新技术企业的税收予以减免以鼓励高新技术的发展；三是稀有金属行业是资金密集型行业，中小企业融资难问题更为突出，在获得银行直接贷款、投资公司的风险投资和贷款担保等方面要予以协助，以解决制约其发展的资金瓶颈难题。

（4）综合服务。政府有关部门或由政府引导成立的中介机构，面向中小企业提供全方位的服务，主要包括融资、管理、营销、财务、组织、国际贸易、风险投资等咨询，以及项目的可行性研究、职工的培训和技术援助等，帮助企业提高经营管理水平，促进技术进步，增强市场的竞争能力。

8.4 稀有金属产业结构政策

8.4.1 稀有金属产业财政、税收和金融政策

财政扶持政策主要有引导性项目资金投入、财政专项补贴，以及在相关基础设施方面的直接投资；税收优惠政策包括税收的减免、差别税率、税前还贷等；金融政策则包括优惠贷款利率、贷款倾斜、政府贴息和适当延长还贷期，以及允许设立产业发展基金等。

8.4.2 成立稀有金属产业发展基金

对于资金密集型稀有金属产业，目前资金短缺严重制约产业结构的优化和升级。成立稀有金属产业发展基金，不仅可以集中力量办一些单个企业难以办到的事情，更主要的是它可以通过引导性的投入和系统性的要素资源整合，吸引社会力量通过发展基金这个渠道，共同参与稀有金属产业转型升级，使社会力量在经济效益上、行业在发展上实现共赢。

8.5 稀有金属产业技术政策

稀有金属产业技术政策是政府为促进稀有金属产业技术进步而制定的政策。通过该产业政策，引导或影响产业技术的开发和转移。产业技术政策包括产业技术开发政策和产业技术转移政策。后者又分为产业技术引进政策和产业技术扩散政策。

8.5.1 稀有金属产业技术开发政策

（1）全面整体推进、突出重点。全面推进就是对稀有金属材料及应用等方

方面面的技术进行研究。突出重点就是选择重点要开发的技术。

（2）整合科技研发资源。通过整合研究资源，充分调动科研机构、高等院校和企业研发部门等各方面的积极性，使稀有金属科技人员、科研设施、研究信息等要素得到有效配置和利用。

（3）加大对稀有金属产业技术开发研究资金的支持力度。制约技术开发的主要问题之一是研发资金的匮乏。应加大经费投入，开展全行业共性技术的开发与创新，提供工程化研究水平，加快成果推广。

（4）创新技术研发的制度。主要有联合攻关制度和重点技术开发委托、招标制度。联合攻关要求政府牵头，组织高校、科研院所以及具有技术实力的相关企业，实现产学研共同研发一些重大科技项目。政府给予各种优惠政策，不同程度地提供经费资助，提供保障服务，协调联合组织中各机构的合作。重点技术开发项目委托、招标制度就是通过政府立项形式，委托有关科研机构和企业进行技术研究和开发，或者通过招标的形式确定研究开发机构，项目研究开发的经费由政府提供。至于研究成果的归属，则大多数应由作为出资方的政府享有，也可以允许项目承担者参与分享。

8.5.2 稀有金属产业技术引进政策

从国家角度，对稀有金属产业技术引进，应从以下方面予以扶持：

（1）税收优惠政策。对稀有金属技术和装备进口实行关税减免；国外技术人员在国内对我国提供进口技术培训、设备安装、调试、使用等环节的技术服务费，予以所得税减免。

（2）贷款优惠政策。一方面，对稀有金属产业中有关企业为引进技术和装备所进行的配套改造工程，由金融机构提供低息贷款，或由政府对有关商业银行贷款实行贴息；另一方面，对企业在消化、吸收引进技术所需的各类投资，实行低息贷款予以支持。

8.5.3 稀有金属产业人才政策

通过户籍管理、住房提供、所得税减免、家属工作、子女教育及人才本身再教育政策等方面提供便利。在待遇上，对有突出贡献的科技人员，在职称评定上不受"名额"限制；对高层次、急需人才提供科研启动经费或以科技成果为股，入股分红等政策吸引人才、留住人才。对企业现有人才要进行培训充电，定期选派专业人才到国内或国外高校或研究机构有针对性地进修，更新知识，提高专业技术水平。

第 4 篇

赣州稀有金属产业发展策略及政策支持

GANZHOU XIYOU JINSHU CHANYE FAZHAN CELÜE JI ZHENGCE ZHICHI

9 赣州钨、钼和钴产业发展策略及政策支持

9.1 赣州钨产业发展策略及政策支持

9.1.1 赣州钨产业发展策略选择

起步于 20 世纪的赣州钨业，发展至今，完整的钨产业链业已形成。赣州钨业经过近十几年的治理整顿，行业发展秩序良好且已渐渐壮大起来了。从全国乃至全球的视角来看，赣州钨业大而不强、不优。要实现可持续发展，要跻身行业前列，要做优做强，行业的转型升级刻不容缓。这就要求行业的每一个企业这个微观个体发展策略选择要服从行业的可持续发展，进而也能在整个产业链中赢得自己一个必不可少的链节。企业的兼并联盟、产业集群的形成和产业链的延伸等策略是摆在每个企业乃至行业面前必做的选择。

近十年，赣州钨业为扭转行业无序竞争的局面，采取了企业整合策略，较好地控制了总量，使产业发展渐渐走上有序竞争发展的轨道。产业链延伸策略使整合后的一些企业，逐步从产业链的上游向下延伸，提高了产品附加值，资源优势渐渐向经济优势转变，为企业获得更多的经济效益的同时，也为当地经济发展助力。

在保护环境的基础上，产业集群策略和产业链延伸策略的延续，是行业做优做强目标实现的必要条件。这些发展策略有利于赣州钨业的转型升级，使赣州钨业提高产业的集中度，走上集约型经济发展之路，便于对钨资源实施总量控制和实现最优配置，有利于钨产业核心竞争力的培植和提升，从而利于开发技术附加值高端精深加工产品和应用产品，变资源优势为经济优势。

9.1.2 赣州钨产业发展策略实施线路

9.1.2.1 产业集群的培植

赣州有色金属工业基地位于赣州经济技术开发区，具有地理、技术、资金、交通、产业优惠政策等产业发展的硬件优势，利于发展钨的下游产业链产品，即精深加工产品和应用产品。赣州中心城区的周边县，具有资源优势，该区域以钨的采、选、冶和初级加工为主。这样，就形成了以赣州中心城区（赣州经济技术

开发区）为核心，周边资源县为外围的产业集群，共同形成赣州钨产业完整的产业链。

　　未来五年内，赣州的钨产业集群，要加强技术改造和创新，并以此为技术支撑，使赣州钨产业在生产技术、生产规模和产品品种等方面都跻身于国内乃至国际先进水平行列，成为我国钨产业的重要生产基地，集采、选、冶、加工、科技与贸易于一体的产业集群。在未来五年内，力争产值超千亿元，成为赣州经济的支柱产业。

　　A　赣州周边资源县的地勘和冶炼

　　在地勘方面：选择成矿条件好的地区，开展新一轮的地质勘探。对现有矿山的周边或矿脉的深部进行"二轮找矿"，如崇义—大余八仙脑地区；崇义仙鹅塘—高垄地区；赣县长坑地区。一来可以缓解现有矿山的生产经营危机，二来可以延长矿山的使用寿命。力争未来五年内，有 20~30 万吨的新增钨矿资源量和 20 万吨的基础储量，保障并巩固钨矿资源供给的连续性。

　　在冶炼方面：赣州钨业经过一个多世纪的发展，陈年留废问题严重。要治理"三废"，改善生产基地的工作环境和人居环境，建设环境友好型钨业，这就对冶炼工艺提出新的要求，研究采、选、冶绿色工艺和新的"三废"处理工艺迫在眉睫。研发封闭式钨湿法冶炼流程，既有助于"三废"排放的降低，又有利于钨冶炼回收率的提高。

　　B　赣州中心城区（赣州经济技术开发区）的钨产业结构优化

　　赣州中心城区（赣州经济技术开发区）既已定位于钨产业链下游，其首要任务是优化产业结构，去低端产品的重复建设、降低内耗、去过剩产能，集中力量发展下游的精深加工产品，生产经营朝着规模化和集约化方向发展，建立产业优势。精深加工产品涉及：

　　（1）钨合金及钨材。钨合金材料有纳米钨合金、钨基复合材料和高密度合金，以及具有特殊微结构的 W-Cu 复合材料；钨材有高性能的特种钨丝和大尺寸板材。

　　（2）硬质合金。着力发展中高档硬质合金和硬质合金应用产品，如超细/粗晶、功能梯度硬质合金材料及超大型硬质合金制品等高端产品。

　　C　提高核心竞争力

　　通过研发基地建设，产学研联合，提高技术创新能力，加快科研成果的转化，提高赣州钨业的核心竞争力。

9.1.2.2　产业链的延伸

　　赣州钨业是资源型产业，产业链的延伸方向应向下游延伸，着力发展深加工和精加工产品，即高性能、高精度、高附加值产品。

随着国家产业政策、产业产品结构的调整以及市场、用户对产品要求的不断提高，我国钨工业粗放型、附加值低的现状将逐步改变，跨越以数量增长为特征的初级发展阶段，开始进入以提高产品内在质量、丰富产品种类、依靠综合实力参与市场竞争的新阶段。一些产品定位中低档市场且生产工艺和装备技术落后的企业将面临市场、资金、成本、能耗、技术等方面的压力，逐渐被市场淘汰，而生产工艺技术领先、质量过硬、以市场为导向、创新能力强、管理先进的企业和高性能、高精度、高附加值产品将占据更多的市场份额。

目前，超细及纳米结构硬质合金，在国内目前属空白；在功能梯度硬质合金材料方面，国外已开发出表面层富碳、表面层富黏结相、表面层贫黏结相、表面层贫立方相、表面层富立方相以及表面硬质相细颗粒芯部粗颗粒硬质合金，并应用于生产高压冲头、焊接刀片、可转位刀片、工具模和其他耐磨零件。目前国内表面富钴的涂层基本形成了专门系列，达到了国际先进水平；进入 20 世纪 90 年代以来，涂层硬质合金领域是发展最快的领域，近年来，（Ti，Al）涂层的硬质合金刀具在高性能刀具市场上已经占据了主导地位，在某些特殊应用场合的高要求促进了特殊涂层或精确涂层的发展。

机械制造业将向精度化、数控化、综合能力化方向发展，需要钨制品特别是硬质合金向高档次、小批量、多品种方向发展，具体来说，包括如下方面：

（1）在钨矿山采选技术和装备方面，资源整合、新技术及装备的应用和规模化生产将是发展趋势。如矿山设备大型化、智能化，以及计算机技术、信息技术、全球卫星定位系统、环保技术等。

（2）在新材料研究与加工方面，高性能产品、先进的工艺技术及装备将是发展趋势。如高精度硬质合金及配套刀具，功能梯度材料，超细和纳米级硬质合金开发，硬质合金近净成形技术，金属陶瓷、非金属陶瓷的发展和应用，计算机集成制造系统（CIMS）在硬质合金制造中的应用，钨基合金的开发、应用于发展，高性能特种钨丝的开发等。

赣州钨业重点建设项目产业链如图 9-1 所示。

产业链 1—钨硬质合金刀钻具产业链；产业链 2—钨军工类产业链；产业链 3—特种粉产业链；产业链 4—钨钢合金产业链

赣州钨业重点扶持发展的项目有钨基硬面材料、硬质合金工具、有色冶金设备、陶瓷纤维材料、硬质合金圆棒、W 粉、WC 粉、W 条、高性能硬质合金、混合棒材技术改造等深加工项目。

赣州钨业招商引资项目：对于一些项目，诸如硬质合金、部分钨制品项目以及一些中心的建设可实行招商引资，例如：

（1）硬质合金类项目，包括硬质合金切削刀具项目、凿岩工具专业生产项目、硬质合金结构件项目和硬质合金型材项目。

```
                           ┌─────────┐
                           │  钨精矿  │
                           └────┬────┘
          ┌─────────────────────┼─────────────────────┐
     ┌────┴────┐           ┌────┴────┐           ┌────┴────┐
     │   APT   │           │ 特种APT  │           │  W-Fe   │
     └────┬────┘           └────┬────┘           └────┬────┘
     ┌────┴────┐                │                     │
┌────┴────┐ ┌───┴────┐    ┌──────┴──┐           ┌─────┴───┐
│WO₃/W₂O₃ │ │金属W(粉末)│   │   WO₃   │           │ 特种钢   │
└────┬────┘ └───┬────┘    └──────┬──┘           └─────┬───┘
┌────┴────┐ ┌───┴────┐    ┌──────┴──────┐        ┌────┴──────┐
│   WC    │ │高密度合金│   │特种W粉(高纯、 │        │  特种钢    │
└────┬────┘ └───┬────┘    │超粗/细钨粉等)│        │ 工具、模具  │
┌────┴────┐ ┌───┴────┐    └──────┬──────┘        └────┬──────┘
│ 硬质合金 │ │ 军工品  │    ┌──────┴──┐           ┌─────┴───┐
└────┬────┘ └───┬────┘    │(产业链3) │           │(产业链4) │
┌────┴────┐ ┌───┴────┐    └─────────┘           └─────────┘
│ 合金工具 │ │(产业链2)│
└────┬────┘ └────────┘
┌────┴────┐
│(产业链1) │
└─────────┘
```

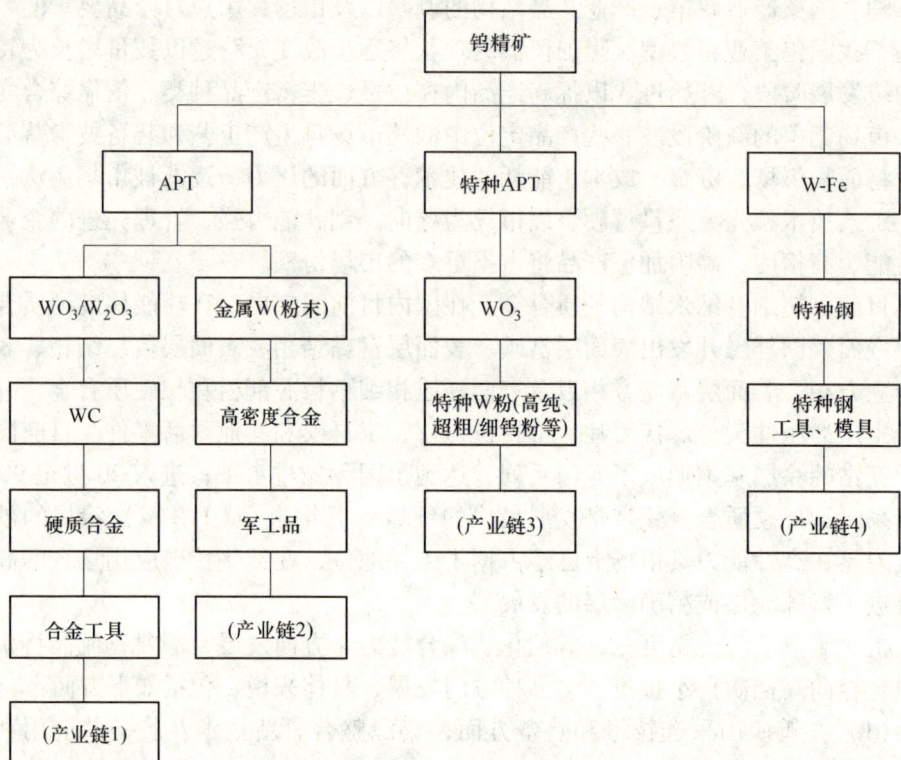

图 9-1 赣州钨业重点建设项目产业链

（2）钨制品项目，包括高密度合金的 W-Ni-Fe、W-Ni-Cu 军民两用产品系列，钨铜电子合金系列、稀土钨电极系统、掺杂钨杆系列、钨坩埚系列。

（3）"中心"项目的建设和/或完善，包括钨废料回收与处理中心、物流运输中心（含物流运输中心和包括专业包装厂和交易会馆在内的配套设施）、硬面材料生产与喷涂服务中心以及选冶一体化工程中心和企业技术中心。

9.1.3 赣州钨产业发展政策支持

9.1.3.1 钨资源管理法规和政策

A 钨资源的管理

第一，支持现有矿区的整合，认真做好钨矿资源规划并予以落实。矿区开采中的无证问题、越界问题、采富弃贫、乱采乱挖等问题的出现，暴露出政府或行业对资源管理松散、监督不到位等问题。按照一个矿区只能有一个矿权的原则，根据各矿区现有的资源状况、经营能力、技术力量等条件进行整合，合理布局，形成钨产业链上游的产业集群，利于资源管理和有序竞争及矿区的可持续发展，合理开发利用现有钨资源。

第二,建立稳定的钨后备资源供给渠道。支持对现有矿区展开"二轮找矿";支持利用"两种资源、两个市场",鼓励企业或地质勘查单位到国内外投资探矿,共同开发钨矿,扩大赣州钨资源的储量,保证钨资源的后备供给。

第三,支持废杂钨冶炼加工基地的建设,提高钨资源的二次利用率。钨资源是不可再生资源,但却是可二次回收再利用的资源。加大对钨资源回收再生技术研发的资金投入,对开展钨回收利用技术研发的企业,在财政政策和融资方面予以支持鼓励,为二次钨资源的回收加工提供技术保障。同时,广布回收网络,拓宽废杂钨回收渠道,尽可能地提高钨资源的综合渠道和利用水平。

B 钨资源的储备

建立赣州市政府和企业两级储备体系,积极配合国家对稀有金属资源的储备,维护钨矿及 APT 价格的合理和稳定,真正体现钨的稀有性和战略性,维护赣州钨产业的可持续性。

9.1.3.2 钨产业布局政策

(1)支持培植赣州钨产业集群的形成。赣州有色金属工业基地位于赣州经济技术开发区,具有地理、技术、资金、交通、产业优惠政策等产业发展的硬件优势,支持发展钨的下游产业链产品,即精深加工产品和应用产品。赣州中心城区的周边县,具有资源优势,支持该区域以钨的采、选、冶和初级加工为主。这样,就形成了以赣州中心城区(赣州经济技术开发区)为核心,周边资源县为外围的产业集群,共同形成赣州钨产业完整的产业链。

凡在布局区域内从事钨产业的上游、中游或下游产品的生产经营的企业,给予引导性项目的资金投入、专项财政补贴,以及相关基础设施的投资、税收减免或优惠、低息贷款、贷款倾斜、贴息、还贷期延长等优惠政策。

(2)引导各生产要素向产业基地集聚。国家支持在赣州兴建钨和稀土新材料创新基地,借此契机,向国家争取项目资金和政策支持,引导各种生产要素向产业基地集聚,发展配套设施建设,和服务业项目,如物流、研发和技术培训、劳动力中介等,推动钨主导产业链及其配套产业链共同发展。

9.1.3.3 钨产业组织政策

(1)推进企业的联合与重组。总体来看,目前赣州钨业的企业,规模偏小,实力较弱,行业缺乏领导型企业,不利于赣州钨业的发展。要发挥产业的优势,赣州钨业要改变这种分散经营的方式,向规模化、集约化方向转变。政府应支持企业的兼并重组,鼓励各企业利用各自的比较优势,以资本运作诸如控股、参股、换股等方式,参与钨产业链上下游企业的整合;在宏观上重点培育出集采选冶加于一体的行业领导型企业集团。

（2）严格行业准入条件。近年来，国家加大对采矿行业的调整力度，对污染严重、规模过小、技术装备落后和布局不合理的小矿和小冶炼厂将予以淘汰和关闭，而对技术水平先进、资源综合利用率高、重视环保且具有核心竞争力的优质企业予以支持。因此，对赣州钨业的各企业，在政策倾斜上，要考虑生产企业的布局、规模、资源回收利用率及能耗、环保程度、产品质量、安全生产、劳保等各方面的因素是否达到行业标准。对产业链长、附加值高的钨深加工项目，要予以发展和引进，低水平重复建设项目一律否决。

9.1.3.4　钨产业结构政策

（1）最大限度地实现资源的有效配置，保障产业链向精深加工的延伸：

第一，提高钨资源控制力。支持资源型企业的整合，改善钨矿企业的资源综合利用水平，最有效地利用资源，强化资源保障。

第二，在资源配置上，优先保障钨的精深加工企业和高新技术企业的资源供给。在财、税、金融政策上给予精深加工企业优惠，并鼓励加工企业联合重组，增强竞争优势和盈利能力。

（2）招商引资，加快产业升级。对产业链高端项目，由于自身资金、技术、管理等方面的限制，完全通过自己的摸索，在短期内难以达到预期的目标。因此，可以鼓励招商引资，吸引国外钨业中的优强企业投资，在税收减免、项目服务上予以倾斜，加快赣州钨业在精深加工领域的合作，促进产业的转型升级。

（3）拓宽融资渠道，解决资金瓶颈。支持上市条件较成熟的企业，通过资本市场的股票、债券和基金等方式融资，突破企业在转型升级中面临的资金瓶颈制约。

（4）完善其他配套政策，为钨深加工企业服务。支持和帮助企业申报和获批国家级、省级钨的深加工和高新技术产品的研发项目。深加工项目的建设用地和能源，依法优先安排和重点保证，做好钨深加工企业的后勤服务工作。

9.1.3.5　钨产业技术政策

（1）搭建钨业技术公共服务平台。充分利用赣州现有高校的钨资源高效开发及应用技术研究中心、省级矿业工程重点实验室、工程研究院以及企业的国家级、省级技术中心，共同搭建钨产业的技术创新公共服务平台，为企业提供技术服务，解决生产中具有共性和关键性的技术问题，加快科研成果的应用转化。

（2）支持建设以企业为主体、市场为导向的钨业技术创新体系。产学研的结合要从企业的生产实际出发，对企业产业链延伸过程中遇到的亟需解决的技术问题要优先立项，组织力量联合攻关，有针对性地解决企业转型升级中面临的技术难题，开发具有自主知识产权的技术和产品，做到"人无我有，人有我强"。

（3）人才政策：

第一，完善人才激励机制，留住人才。钨产业技术结合了物理、化学、生物等学科，技术复合性强，特别是材料科学日新月异，对人才提出了更高要求。对行业现有的专业人才要予以高度重视，在工作待遇上，对有杰出贡献的科研人员，在职称评定上不受"名额"限制；允许以科研成果为股份参与企业入股分红。

第二，加强人才培养和储备。江西理工大学是一所长期从事有色金属行业人才培养的高校，可通过企业定向培养的方式，培养钨专业人才；赣州有色金属研究所是一所长期从事有色金属研究的科研院所，在钨技术方面有长期的积累，企业可派送技术人员到研究所进修，提高业务水平。

第三，扩充企业研发人员队伍，使其比例占职工总数的10%以上。对急需使用的专业人才，可通过高薪聘请引进，作为技术带头人，以传帮带的方式提高企业技术人员的研发水平。

第四，引进人才的优惠政策。对于高层次、急需人才的引进可以从以下几方面考虑：一是在生活上，放宽落户条件，对配偶、父母的户籍可同时落户；安置配偶的工作；满足子女就学要求；安置住房等，以解决人才的后顾之忧。二是在科研工作上，考虑专款建立实验室或给予科研启动经费 5~30 万元不等，或允许以科研成果为股份参与企业入股分红。

9.2 赣州钼钴产业发展策略及政策支持

9.2.1 赣州钼钴的产业发展策略

9.2.1.1 产业集群策略

经赣州政府批准，在赣州章贡区水西镇，建设钼、钴有色金属产业基地，占地面积近 11 平方公里。该基地东、北毗邻赣江，西边紧邻 105 国道，基地内有成厦高速公路横贯，有良好的地理优势，交通便利，利于钼、钴产业集群的发展。

A 基地内企业定位

第一，鼓励深加工企业入驻。通过税收奖励政策，鼓励产业内龙头企业和重大加工项目进入基地，从事钼、钴中下游产业链的各项生产和经营活动，共同促进赣州钼、钴产业的深加工和集群化发展，带动产业的转型升级。

第二，企业发展基于循环经济的理念。为保证产业的可持续发展，基地内产业要逐步实现循环经济。基地内设置了统一的废水处理厂，对各企业先行处理过的污水再经该污水厂后续处理达标后排放，减少环境污染，使基地成为一个和谐绿色的钼钴产业基地。

  B　产业导向

  赣州不具备钼、钴资源优势，钼、钴产业的发展趋势是朝着产业链中下游方向延伸。首先，在钼行业，生产高温高强钼、高纯钼、Mo-Re合金、Mo-W合金、Mo-RE合金等需要特殊的物理、化学转化技术和新技术，应加大研发力度，拓展钼的精深加工业。其次，在钴行业，全球44%左右的钴应用在锂电池生产中，其中3C电池以10%左右的速度保持持续增长；由于对新能源汽车的行驶里程有更高的要求，钴的三元电池的需求弹性增大，钴在三元电池中的应用成为新的增长点。

  因此，把钼钴的精深加工产业、钴的冶炼加工业和钴的回收利用、钼钴产业的配套产业，如化工和表面处理产业，作为赣州钼钴有色金属产业基地的产业的发展导向。

9.2.1.2　产业链延伸策略

  （1）钼产业改造升级，产业链向下游延伸。近几年，大量钼进口对我国钼企业生产经营和市场价格造成极大压力，加上关税和配额限制，钼的初级产品已失去市场竞争力，这对赣州钼产业的生存发展提出了改造升级的要求。我国是钼资源丰富国之一，因此，钼产业链应向下游方向延伸，发展钼的深加工产品。赣州没有专门从事钼业的企业，钼产品来自于钨钼企业，因此，钼深加工产品主要发展方向是高端钨钼材料制品、钨钼大型板材和制件等。

  （2）钴产业链的上下游延伸。我国是钴资源贫乏国，为了保证资源供给的连续性，产业链向上游的延伸是必需的，因此，"走出去"的境外投资策略，以境外资源为保障，可使赣州钴业建立可靠的资源基地，保证原料的稳定供给。

  同时，赣州钴业要做精做强，钴的产业链还要向下游深加工产品方向延伸。钴制品的深加工产品有金属钴粉、金属钴粒子、钴板、钴磁合金、钴锂电池、钴-60放射性材料等。钴粉、钴粒、钴板、钴磁合金等在工业上的耗量大，对这些产品要开展技术攻关，优化生产工艺，掌握生产技术核心，提高产品的质量和档次。按低碳、绿色发展要求，高标准、高水平开展项目建设，形成国外粗炼、国内精炼相互支撑发展，提高竞争档次和竞争实力。

9.2.2　赣州钼钴产业发展政策支持

9.2.2.1　资源管理政策

  （1）鼓励开发利用本地钼资源。赣州钼矿是与钨矿伴生存在，赣州是"世界钨都"，因此，在加大钨资源开发的同时，伴生金属钼的资源也得到开采利用。在财政政策和金融政策上，鼓励钨矿企业提高伴生金属钼的采选资源利用率，保证本地钼资源得到充分利用，降低赣州钼业的生产成本。

（2）政策支持境外钼钴资源开发利用。鼓励条件成熟的企业到境外投资，开发利用境外的钼、钴资源。在金融政策上予以低息或免息贷款，在财政政策上予以专项补贴或在基础设施上直接投资等，支持企业的境外资源开采和/或冶炼。

9.2.2.2　结构政策

赣州钼、钴业目前主要从事初级产品的生产，产业链的向下延伸要求行业必须要培养企业的自主创新能力，政府要加大研发投入，企业用于研发的费用应占销售总额的10%以上，其中政府占5%以上的资金，以鼓励企业自主研发或与高校和科研院所有针对性地联合攻关，解决生产中的实际问题，并及时将研究成果在生产中转化利用，成为先进的生产力。与此同时，对钼、钴产业的转型升级，财政政策、税收政策和金属政策，要给予适度倾斜，保证其有足够的资金进行研发、引进、再创新和转化为生产力。

9.2.2.3　技术政策

（1）引入技术领先战略合作者。有选择地引入拥有核心技术、资金雄厚、市场广阔的国内外钼、钴行业大企业、大集团到赣州进行战略合作，尽快地实施高端切入，开发和生产一批具有国内外先进水平的钼、钴加工产品，缩短与先进企业的差距，降低投资风险，增强竞争实力。

（2）人才机制：

第一，吸引全国优秀人才，扩充企业研发人员队伍，使其比例占职工总数的10%以上。对急需人才，在安家落户、子女入学就业、技术入股等方面满足人才的要求。

第二，建立人才培训机制，并通过选送优秀人才到全国著名院校和企业学习深造，更新知识，保持创新活力。

第三，完善人才激励机制，舍得投入，在工作和生活方面为他们提供良好的条件，让他们能安心工作，调动起积极性和发挥其创造力。

10 赣州锡产业发展策略及政策支持

10.1 赣州锡产业发展思路和目标

10.1.1 赣州锡产业发展指导思想

（1）确保资源供给的稳定性。稳定本赣州区域内的锡资源供给，同时合理运用国内外资源，为赣州锡产业的长远发展提供原材料基础保障。

（2）力促锡冶炼水平提高。推进节能环保冶炼技术的研究，以清洁生产为目标，促进赣州锡产业循环经济发展。

（3）延伸锡精深加工产业链。提高锡深加工技术，为产业链得到延伸提供技术支撑，产品附加值得以较大提高，使赣州地区锡产业的资源优势真正转化为能促进赣州地区经济发展的经济优势。

10.1.2 赣州锡产业发展目标和重点

10.1.2.1 赣州锡产业发展目标

（1）形成锡产业集群。努力促进赣州锡产业发展，加大人力、物力和财力等生产要素的投入，打造高技术、高效益、高环保、能耗低、能充分发挥赣州地区优势的赣州锡产业群。

（2）提升锡产业整体技术水平。瞄准世界锡产业技术的先进水平，在研发投入，人才引进和培养等方面都朝着目标努力。促进部分技术达到世界领先水平。

（3）力推新材料及制造技术的领先。新材料及其制造技术是锡产业链延伸的基础，要下大力气研发，做到有的放矢，力争做到空白技术得到填补，已有技术国内领先甚至国际领先。培育出具有国际竞争力的新材料品牌。

依据以往十年的发展历程和振兴赣南苏区的良好发展机遇，在"十三五"期间，依靠工业化和信息化建设，推进赣州锡产业快速发展，延伸赣州锡产业产业链，提升赣州锡业国际竞争力。将赣州锡产业打造为主营业务收入超过100亿元的先进产业集群，发展出4~5个以上主营业务收入逾10亿元的大型锡企业或集团。赣州锡产业"十三五"发展目标见表10-1。

表 10-1 赣州锡产业"十三五"发展目标

年 份	2016	2020
锡金属产量/万吨	2	2.2~2.5
总产值/亿元	50	100~120
锡基新材料/亿元	25	50~100
利税总额/亿元	10	12~14

10.1.2.2 赣州锡产业发展重点

（1）提高找矿力度，提高资源保障。提高矿产资源勘探力度，提高地质勘探水平，增加勘探资金投入，努力做到勘探、开发、储备有序协调进行，以政策支持和鼓励难开采及品位低的矿床开发，鼓励在南岭钨锡矿带上进行地质勘探，鼓励在原有矿区周围和深部区域进行找矿，为锡产业发展提供资源保障。

（2）引入先进加工及冶炼技术，淘汰落后加工冶炼方法。治理赣州锡产业，淘汰不符合国家环保标准、对高耗能的锡企业进行整改，引入国内外先进锡冶炼加工技术和设备，促进赣州锡冶炼加工产品调整，使赣州锡产业成为拥有充足竞争力的产业。

（3）增加人才、技术及资金投入，促进精深加工产品发展。要大力引进锡深加工的人才和技术，引进战略投资，加快赣州市锡深加工产品的研制开发，特别是大力开发生产高品质锡材、锡化工产品，提高赣州锡产业产品附加值，增加其经济效益。

（4）培育国际性的大型品牌企业。第一，赣州锡产业联合重组兼并，形成大型企业集团；第二，提高与国内外进行的合作水平，打造高效益、高技术、高水平、高竞争力的大型锡公司和企业集团。在此基础上，发展具有国际知名品牌产品的国际品牌企业。

10.1.2.3 产业技术

（1）地质找矿方面：提高找矿技术水平，运用先进勘探技术，如音频大地法、地球化学、地球物理和遥感等方法，圈定异常区域，对该区域进行加密钻探，提升找矿能力。

（2）采矿方面：第一，优化采矿设备。采矿设备向大型化、无轨化、自动化发展，使采矿效率提高、生产成本得以降低。第二，提高采矿技术。研发矿床无废害开采，减少采矿时产生的废料，同时发展废料回收利用，减少矿山开采时的环境污染。

（3）选矿方面：选矿技术，朝分选综合性强、工艺清洁性高、设备节能和药剂高效无毒易降解的方向发展。为提升锡石—硫化物类矿石的选矿回收率和产出率，使资源保障年限更长，要加大人力、物力和财力等生产要素的投入，研发锡石—硫化物类矿石的新的选矿工艺和技术。

（4）冶炼方面：提升锡冶炼时的环保水平，废除落后冶炼能力。第一，用澳斯麦特强化熔融还原技术替代电炉反射炉、电炉等熔炼炉，提升冶炼技术水平，生产流程的自动化水平，提高生产力水平和综合回收率，降低劳动强度和降低能耗。第二，目前冶炼的电解法，生产成本较高，为降低成本，以火法精炼代替之。

（5）加工方面：突破关键瓶颈技术和难点，特别是微米级锡箔制备技术、锡及其化合物的纳米功能材料制备技术和锡化工中间体制造技术，提高产品附加值。

10.1.2.4　产品结构

对赣州锡产业的产品结构进行优化调整，提高技术含量、高附加值的精深加工产品的产量，力争达40%的锡产品总产量，销售收入占有赣州锡产品总收入的50%以上。

10.1.2.5　资源回收利用

研发、引入可降低矿石贫化率及可提高矿石回采率和回收率的新技术，同时运用新技术增强锡渣、烟尘的回收处理能力，提高 W-Sn 等共伴生金属及冶炼中银、铟等金属的回收利用水平，达到提高整体利用水平的目标。

10.1.2.6　环境保护

强调提高矿山的环保要求，是赣州锡产业可持续发展的重要措施：

第一，引入无害、无废工艺，减少"三废"带来的环境损失，合理利用废石及尾砂在采矿时充填使用；

第二，提高对矿山周围植被的保护力度，提高废石、尾矿的排放的要求，加强采后区的恢复绿化措施；

第三，在选矿时，使用对环境影响小、易降解的药剂，增加废水闭路循环处理系统的设置，降低对土地、水资源的污染与消耗；

第四，在冶炼时，要提高对渣、烟尘的排放要求，提升对渣及烟尘的回收治理力度，同时降低有毒气体的排放。

10.2　赣州锡产业发展策略

10.2.1　产业整合策略

10.2.1.1　资源的整合

对赣州锡资源进行合理整合，将当前的散乱小规模开采转向规模化、集约化的开采；从无限制开采向限量和计划开采转变；开采与勘探同时进行，达到采勘平衡；在注重开采的经济效益基础之上，从可持续发展的角度出发，提高对环保的重视，既注重经济效益又兼顾环保。

10.2.1.2　企业联盟

集团化有利于产业朝着规模化、集约化发展，降低生产经营成本，提高经济效益，增强企业活力和竞争力。因此，建立一条以探矿、采矿、选矿、冶炼和深加工为一条龙的产业链，在这条产业链中，形成几个大型企业龙头企业。运用互控股、互参股的方法把这条产业链的上下游企业进行相应的联合，形成一个强大的产业联合体，将赣州锡产业培育成具有较强竞争力的优势产业，促进国民经济增长。

10.2.2　产业链延伸策略

赣州锡产业是资源型产业，产业链的延伸以锡的精深加工为方向，增加各生产要素的投入，提高锡深加工必备的技术水平、工艺水平、设备水平，着重发展锡材、锡化工产品，提高产品技术附加值和产业竞争力。

10.3　实现赣州锡产业发展策略线路

10.3.1　赣州锡产业布局

以目前赣州锡产业现有格局为基础，采取集中布局、规模采矿、定点选矿、集中冶炼、深度加工的方法，形成赣州锡产业的三大产业基地：

（1）于赣州会昌建立锡采选及冶炼加工的基地；

（2）于赣州市章贡区水西建设有色冶炼加工园区，形成锡冶炼加工基地；

（3）于赣州经开区有色精深加工园区建立锡化工、锡材料加工基地。

10.3.1.1　重点发展区域

（1）赣州会昌具有赣州当前独一无二的原生锡矿，资源储备丰富，是当前赣州主要发展选矿与冶炼的地区；其次，赣州的大余、崇义、赣县、寻乌、于都等地区含有钨锡伴生矿资源，在这些地区列为伴生锡资源的重点发展资源区。

（2）将冶炼加工企业向会昌、赣州章贡区、赣州经济技术开发区集聚，同时在会昌、章贡区重点发展锡冶炼加工业，在赣州经开区重点发展锡精深加工业。

（3）重点地质勘察会昌、大余和崇义等地区。这些地区具有区位优势，正好落在南岭 W-Sn 成矿带上。

10.3.1.2　优先发展品种

将锡化工产品和锡新材料列为优先发展产品，引入新技术及资金重点研发、发展焊锡膏、球形焊锡粉、无水氯化亚锡和四氯化锡、锡箔和锡合金、甲基锡和丁基锡等产品。

10.3.1.3　配套产业的发展

（1）地质勘探：赣州市矿物资源丰富，但是勘探不足，难以确认可用于补给之用的具体锡矿资源量，因此，应当加大赣州地质勘探力度，更清楚地掌握资源储备状况，为科学规划赣州锡产业发展提供资源保障基础。

（2）化工业：锡深加工产品所需辅助原料锡助焊机、表面改性剂等化工产品，对锡深加工的发展至关重要。因此，应尽可能地保证自给自足。

（3）气体业：锡深加工产品的生产离不开氯气、氩气、氢气、氮气、氧气等多种气体，在发展主导锡产业的同时要同步发展这些气体行业。

（4）再生资源回收加工业：锡渣和烟尘以及锡焊所产生的废弃物中都含有诸多有价成分，应当合理再生利用这些有价成分，提高资源利用率，促进循环经济发展。

10.3.2　赣州锡产业产业结构调整

目前，应用较多的锡产品是金属锡、锡合金、锡化合物，作为十分重要的原材料，广泛用于机械工业、电气自动化、电子信息以及门类繁多的轻工业。马口铁镀锡、玻璃等领域要用到金属锡；锡青铜、轴承合金、锡工艺品等领域要用到大量的锡合金作原料。这几年，无论是有机锡的化合物的还是无机锡的化合物，都被运用得更加广泛，如在塑料业中用作稳定剂，在农药、医药中用作杀虫剂、杀菌剂、防腐剂等。

赣州锡产业发展的关键是如何引导赣州锡产业链的发展，产业链的设计要结合赣州具体情况具体分析，要以赣州锡产业优势为基础，合理选择产业链延伸方向，选择正确的延伸产品，分清轻重和难易程度，循序渐进推进发展。

（1）大宗基础材料产品：有锡粉、锡粒、锡板、锡片、锡带、锡棒、锡合金、锡焊料和无机锡和有机锡等类别的基础材料，包括许多种锡产品，如锡青铜、球形焊粉、$SnSO_4$、$SnCl_4$、$SnCl_2$、$ZnSnO_3$、$C_{22}H_{44}O_4S_2Sn$、$(C_4H_9)_4SnCl_4$ 等，这类产品对生产技术要求相对较低，且具有相当的技术附加值。因当前市场竞争较为激烈，在发展这些产品的时候，要格外注重产品的高质量和恰当的产量，以确保产品销售上赢得好口碑。

（2）精深加工产品：从当前中国锡产业情况来看，我国大量的精深加工锡产品都来源于进口，自身研发拓展精深加工领域具有巨大空间。在精深加工锡产品中，技术含量和附加值高的产品有高纯锡、高档锡箔、焊球、工艺品、锡单晶、纳米二氧化锡和 ITO 靶材等，这些产品具有广阔的发展前途，但是技术进入壁垒较高，建设条件要求高，具有一定的风险。因此，应在赣州锡业储备一定的人、财、物力，当足以满足精深加工产品生产条件时，再考虑上马这些项目。

在此基础上，还可衍生出许多其他精深加工产品，可适时扩大再生产，不断拓展产业空间。

10.4　赣州锡产业发展政策支持

10.4.1　赣州锡资源管理政策

（1）整顿矿山秩序，推进资源整合。严格履行国家政策，大力治理、整顿、规范赣州矿山开采的秩序，淘汰落后产能，严格执法以关闭无证开采的矿山，同时清理安全和环保不达标的矿山。在对全市锡资源的规模、储量、环境、技术、比率和品位情况进行一次全面摸底的基础上，按照一个矿区一个矿权、集中管理、优化配置、加工升值、可持续利用和市场导向的原则，对锡资源实施整合，将优质资源向优势企业集中，对资源实行保护性开发，实施开采总量控制。

（2）加大资源勘探力度，做好资源接替工作。对现有矿山周围地区进行地质勘探工作，同时鼓励对现有矿山进行深部开发，对资源枯竭矿山深部和周围大力进行地质勘探工作，根据找矿前景、资源潜力大小统筹安排，分期、分步争取纳入到国家财政投入的矿产调查评价项目中。鼓励和支持大企业、大集团投资赣州市具有勘探前景的锡矿勘探，进行规模开采和集约开采。与此同时，鼓励赣州企业引入国内外锡资源，鼓励赣州企业开发国内外锡资源，为赣州锡产业发展提供资源保障。

（3）提高资源利用率，建设锡产业循环经济。对难采选、低品位、深部资源和废旧金属再生资源，现有矿山及现有冶炼加工企业应进行再开发利用和回收，促进循环经济发展，为赣州锡产业的长远发展提供新的资源保障。对这些矿山和企业，真正在政策上予以税收、融资、财政等方面的支持和鼓励。

10.4.2　赣州锡产业组织政策

（1）联合重组赣州锡企业，形成大企业集团。众所周知，大企业集团的形成，对产业集中度的提高和产业向精深加工转型升级极为有利。根据当前锡行业发展现状，以企业为主体，政府发挥领导职能并提供政策支持，可对赣州现有锡企业进行整合形成合力，共同发展。对地区间、部门间、所有制间的整合，将使赣州锡行业以更加市场化的途径和更为灵活的方式提高企业竞争能力。

在整个锡产业链中，冶炼环节是中间环节，具有承上启下的作用，是不可缺少但利润又相对较低的一环。单纯的冶炼企业因缺乏有效的锡精矿保证，运行很不稳定。而矿山企业为了延伸产业链，又想新上冶炼厂。因此政府应发挥协调和引导作用，以现有冶炼企业为龙头，以与矿山企业、深加工企业相互参股、换股等方式并购重组，形成采选冶加一条龙的综合类企业，把资源集中起来，发挥规模效应。在形成资源优势的基础上，引进战略投资和深加工企业，引进人才和技术，集中力量推动产业链向下游延伸，强化赣州锡精深加工业，提高赣州锡产业竞争力，积极参与更深层次的国际竞争与合作。

（2）强化执行锡行业准入制度，确保赣州锡产业健康发展。国家发改委2006年第104公告明确规定，自2007年1月1日起，对锡矿产资源行业实施准入制度，锡行业不符合准入条件的生产企业，将不能获得出口供货资格，不符合条件的新建、改扩建项目不能投产，也不能获得银行信贷支持。新建、改扩建以矿产原料为主的锡冶炼项目年产锡锭（或粗锡）不得低于8000t；新建和改扩建及加工项目应符合国家产业政策、矿产资源总体规划及各行业发展规划，并有稳定的原料供应渠道，项目投资中自有资金比例不得低于50%。对新建、改扩建的锡冶炼项目，无论是以矿产原料为主的还是以含锡废料为原料的再生锡冶炼，都要求工艺流程完整，包括粗炼—精炼—烟化—真空—余热利用—"三废"处理等环节。对于国家已制定颁布的锡产业政策（如企业布局、土地供给、能源配置、信贷融资）和行业标准（如生产规模和工艺装备、资源回收利用及能耗、产品质量、安全生产和职业病防治和环境保护等），要严格落实执行。对落后产能通过引进先进技术的方式予以替代淘汰，对优势企业在各生产要素的供给上给予保证。

10.4.3　赣州锡产业结构政策

（1）在矿产资源和建设土地方面，对优势企业优先配置；

（2）发挥担保公司的担保职能，对成长型、配套型的企业的生产经营实行担保制；

（3）解决资金"瓶颈"问题，建立研发基金，以鼓励赣州锡企业向高新产业化发展，促进企业走自主创新的道路；

（4）积极组织和推进企业上市融资和发行债券，畅通资本市场的投融资渠道，促进企业新上加工项目。

10.4.4　赣州锡产业技术政策

（1）建立技术创新公共服务平台。联合赣州的原有色金属系统的高校和科研院所，如江西理工大学和赣州有色金属研究所，共建赣州有色金属技术创新公共服务平台，产学研联合攻关，研发一批企业急需的技术和锡的精深加工技术，改进企业生产工艺流程，加快产业转型升级，形成一批有自主知识产权的品牌产品，拉动赣州市锡产业又好又快发展。

（2）鼓励企业自主创新。企业是技术创新的主体。目前赣州市锡行业以初级产品为主，企业技术水平与国内外先进水平相比差距很大。因此，赣州市锡企业要提升核心竞争力，必须加大研发投入，研发费用可提升至占销售额的10%，其中政府占5%的资金，以鼓励技术创新，调整产品结构，增强锡产品科技含量和附加值。对于研发时间长的重大技术攻关项目，予以鼓励，支持研发锡精深加工产品的企业，推进科研成果的产业化。同时，积极帮助企业申报国家、省科技攻关项目，享受有关优惠政策来推动企业加快技术进步。

（3）引入技术领先战略合作者。有选择地引入拥有核心技术、资金雄厚、市场广阔的国内外锡行业大企业、大集团到赣州进行战略合作，尽快地实施高端切入，开发和生产一批具有国内外先进水平的锡加工产品，缩短与先进企业的差距，降低投资风险，增强竞争实力。

（4）人才机制：

第一，赣州有色金属工业教育体系，具有相对悠久的历史，积累了较为丰富的办学经验，要充分发挥现有办学优势，多层次、多形式、多渠道培养中、高级工程技术人才、管理人才、市场营销人才、资本运作人才以及高技能人才，为赣州锡产业朝新型工业化的方向发展，提供人才保障。

第二，吸引全国优秀人才，扩充企业研发人员队伍，使其比例占职工总数的10%以上。对于高层次、急需人才的引进可以从以下几方面考虑：一是在生活上，放宽落户条件，对配偶、父母的户籍可同时落户；安置配偶的工作；满足子女就学要求；安置住房等，以解决人才的后顾之忧。二是在科研工作上，考虑转款建立实验室或给予科研启动经费5~30万元不等。三是在工作待遇上，对有杰出贡献的科研人员，在职称评定上不受"名额"限制；允许以科研成果为股份参与企业入股分红。

第三，建立人才培训机制，并通过选送优秀人才到全国著名院校和企业学习深造，更新知识，保持创新活力。

11 赣州稀土产业发展策略及政策支持

11.1　赣州稀土产业发展基本原则

（1）依法规范行业秩序和"打黑"双管齐下。严格执行稀土行业管理法律法规和条例，规范行业秩序；"医治"行业"黑色产业链"这个痼疾。

（2）改革稀土供给侧，配合国家的稀土收储。以市场需求为导向，控制资源总量，配合国家完成稀土的收储；淘汰和化解过剩产能。

（3）兼并重组，优化产业结构。形成以大集团为主导企业的行业发展格局，优化产业结构，实施一批重点中高端产品项目，满足国家战略型产业急需；推进创新能力建设，提升高端应用产品的技术水平。

（4）绿色转型。提升行业智能化水平；将清洁生产和"两化融合"渗透到稀土采选、冶炼分离等生产环节。

11.2　赣州稀土产业发展目标

（1）资源控制：建立起规范有序的资源开发、冶炼分离和市场流通秩序，严格按照国家下达的矿产品开采计划，控制总量，使资源无序开采、生态环境恶化、生产盲目扩张和出口走私猖獗的状况得到有效遏制。

（2）兼并重组，培育产业集群：加快赣州稀土行业兼并重组，形成规模、高效、清洁化的大型生产企业。依据"十二五"期间赣州稀土产业的发展状况及经济运行状况，"十三五"期间，争取形成赣州稀土产业产值超千亿元以上的产业集群。

（3）优化产业结构：加快新产品开发和新技术推广应用，使产业链向高端延伸，加快高纯、高质量稀土氧化物产品以及适用的分离生产线的在线分析和闭路自控工艺与设备的开发，提高产品质量和降低成本、减少污染。

（4）提高资源利用率：稀土资源回收率、选矿回收率和综合利用率得到提高，资源开发强度得到有效控制，储采比恢复到合理水平。矿山的资源开采回收率大于75%，分离企业资源回收率大于92%，金属冶炼企业资源回收率大于92%。

（5）环保治理：矿山企业强制实施原地浸矿工艺，禁止堆浸、池浸工艺；分离企业必须解决氨氮超标问题，推广无皂化工艺、碱式皂化工艺和氨氮回收工艺；金属冶炼必须解决废气排放问题。利用环保手段淘汰落后工艺和关闭落后企业，实现企业清洁生产。废水、废气、废渣排放全面达标，重点地区生态环境得到有效恢复，稀土工业废气、工业废水处理率和排放达标率力争达到110%，工业固体废弃物综合利用率不低于90%。

11.3　赣州稀土产业发展的基本策略

（1）兼并联盟整合策略：以资本为纽带，完成赣州稀土的整合，配合国家完成中国南方稀土集团的组建。该策略有利于规范行业秩序，有利于优化资源配置和行业集约化发展，完成行业结构性调整，提高行业整体竞争力，使赣州稀土的资源优势得以转化为经济优势，为使赣州成为稀土强市和全国稀土重要的生产加工基地奠定基础。

（2）产业集群策略：在可持续发展基础上，整合资源、合理布局、集约发展，培育出能最有效地利用稀土资源、产业结构合理、产业水平较高的环境友好型赣州稀土产业集群。赣州稀土产业集群策略的实施，有利于赣州稀土关停并转稀土的采、选、冶产能过剩状况的改善。集群内部的竞争将在集群内形成"优胜劣汰"的自然选择机制，从而刺激集群内的企业技术创新，提高效率。集群本身的网络化的特性，有利于信息的收集和传播，使赣州稀土各企业间因信息不对称产生的交易成本明显降低。同时，"学习曲线"的存在，使得集群内企业间的经营理念、管理制度和模式、企业文化等企业的软实力，能够尽快在集群内学习和创新，企业的转型升级的速度也会加快，行业会得到更为健康的可持续发展。

（3）产业链延伸策略：赣州稀土行业是资源型行业，且采选冶加工产业链完整，因此产业链的延伸应该是往下游方向延伸，即以资源为依托，发展高附加值的深度加工和应用产品，引导各生产要素向大企业和深度加工领域集聚，使赣州稀土产业步入中高端产业链，成为全国重要的稀土生产、研发基地和贸易辐射中心。

无论是兼并整合、产业集群还是产业链延伸，三种策略相辅相成。集群加剧竞争，不仅表现在对市场的争夺，还会表现在合作上，如联合开发新产品、开拓新市场、建立生产供应链，由此形成一种既有竞争又有合作的合作竞争机制。这种合作机制的根本特征是互动互助、集体行动。在产业集群效应充分发挥下，落后产能要么因竞争被淘汰，要么因合作被兼并。稀土产业链上的兼并重组，行业的集团化和国际化将成为发展方向。

11.4　赣州稀土产业发展线路

11.4.1　严格执行行业管理法律法规和条例

国家对资源管理和控制、行业准入、技术标准、贸易等产业链的各环节都有相关的管理法规或条例，行业管理部门和政府相关部门要严格执行，加快推动不符合行业规范的企业主动升级或加快退出，促进社会资源有效配置。

同时，加大力度斩断稀土"黑色产业链"。采取必要的行政干预，责成地方政府担负起监管责任；查处开采、生产、流通环节的违法违规行为要不间断，对于问题企业，要加强突击检查和监控，严肃查办每一个案件；通过建立产品的追溯体系来倒查企业原材料的来源，堵住稀土黑色利益链的源头；或委托第三方机构开展稀土违法违规线索调查取证。"打黑"的工作机制要常态化，才能维护好产业的健康发展。

11.4.2　实质性完成稀土集团的兼并重组

实现以资产为纽带，实质性完成中国南方稀土大集团的组建。集团的组建，会提升赣州稀土产业的集中度，责权利更为分明和集中，产业管理也更为便利。通过关闭、淘汰、转产等方式，压减集团冶炼分离产能，支持集团做大应用产业，提升核心竞争力。完善与其他五大集团间协调，共同维护稀土市场秩序、促进全稀土行业的平稳运行，使我国在国际上拥有稀土话语权。

集团的形成使得稀土市场运作逐步透明化，将有利于从开采、冶炼分离、国内流通以至出口各环节的"打黑"行动。同时，集团的组建也会压缩黑色产业链的生存空间，有效遏制其发展，迫使其从"黑色"产业链转向寻求企业的兼并联盟，纳入正常的生产经营链中，成为"白色"产业链中的一个链节。

11.4.3　推进产业转型升级

大集团的组建有利于赣州稀土产业的转型升级。新材料、关键零部件首批次应用保险保费补偿机制正在运行中，赣州稀土可以选定一批有亮点的项目，重点推进；争取将选定的稀土项目列入到该机制的实施范围内。

同时推进智能制造，完善"两化融合"在赣州稀土行业的适用范围和贯标体系；选择矿山和企业试点，推广智能矿山和智能工厂；充分利用技术改造和转型升级基金等对符合条件的智能项目给予支持。

11.4.4　重点发展项目

稀土产业链如图 11-1 所示。

赣州稀土产业未来重点发展在下游应用上，如高性能稀土永磁材料、发光材料、贮氢材料以及稀土节能电机、稀土贮氢电池、节能灯具等产品；同时，应加大稀土钢、稀土农用肥、稀土铝、稀土镁合金等产品的开发。

11.4.4.1　企业自身发展项目

（1）钕铁硼材料项目，包括高性能钕铁硼稀土永磁材料项目；钕铁硼永磁

```
资源勘查 → 资源开采 → 金属冶炼分离 ┬→ 稀土金属及合金 ┬→ 稀土在钢中的应用
                              │                  ├→ 稀土在铸铁中的应用
                              │                  └→ 稀土在有色金属中的应用
                              │
                              ├→ 稀土磁性材料 ┬→ 稀土永磁材料
                              │              ├→ 稀土超磁致伸缩材料
                              │              ├→ 稀土磁致冷材料
                              │              ├→ 稀土巨磁电阻材料
                              │              ├→ 稀土磁光材料
                              │              └→ 稀土磁泡材料
                              │
                              ├→ 稀土发光材料 ┬→ 稀土光致发光材料
                              │              ├→ 稀土阴极致射线发光材料
                              │              ├→ 稀土电致发光材料
                              │              ├→ 稀土X射线发光材料
                              │              ├→ 其他稀土发光材料
                              │              └→ 稀土激光材料
                              │
                     废料回收 ├→ 稀土催化材料 → 稀土催化剂和助催化剂
                              │
                              ├→ 稀土贮氢材料 → 稀土系贮氢合金
                              │
                              └→ 其他稀土材料 ┬→ 稀土超导材料
                                             ├→ 稀土高分子材料
                                             ├→ 稀土玻璃材料
                                             ├→ 稀土陶瓷材料
                                             ├→ 稀土在热电、发热、阴极发射材料中的应用
                                             ├→ 稀土在纺织建材工业中的应用
                                             └→ 稀土在农林牧中的应用

上游资源        中游初级加工              下游应用
```

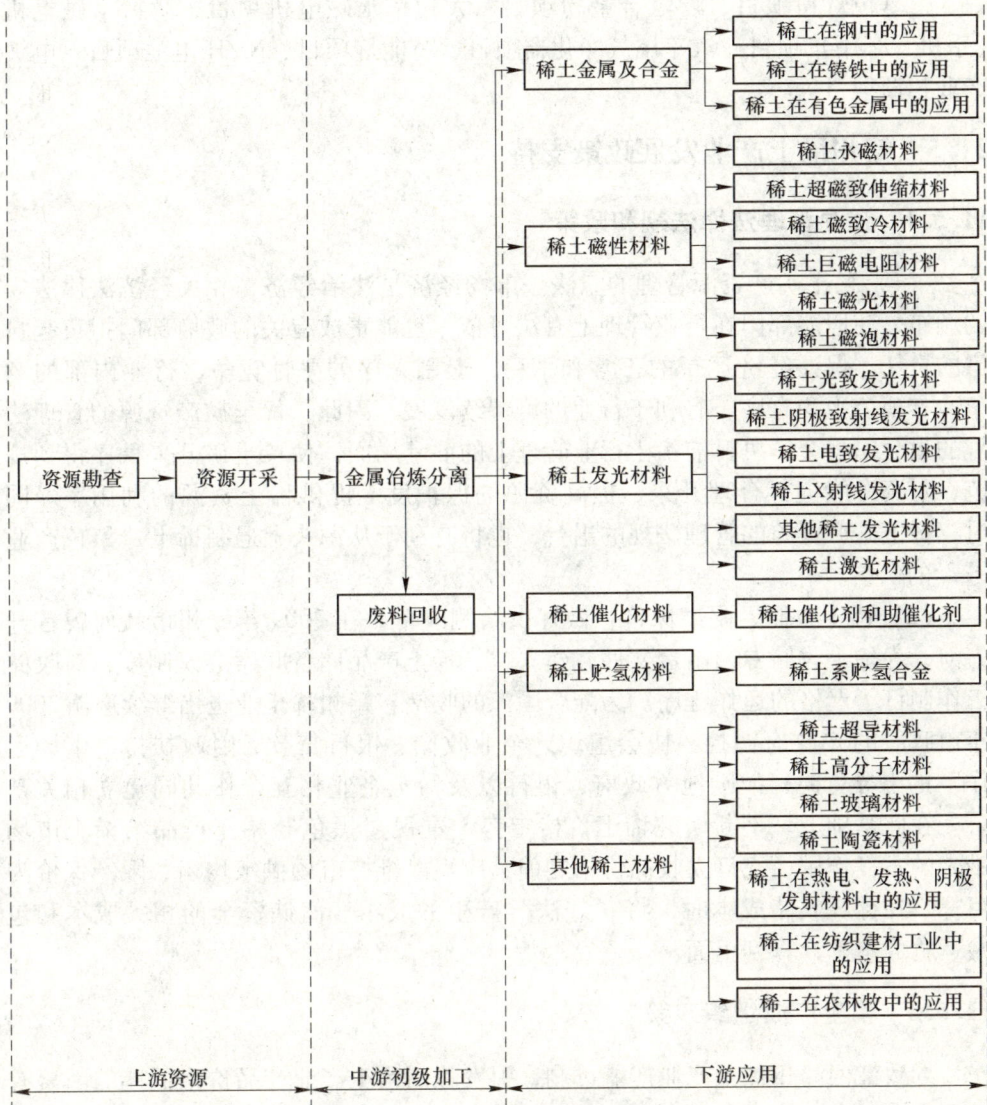

图 11-1 稀土产业链

材料和手机振动马达项目；高性能钕铁硼合金粉和贮氢材料项目；钕铁硼磁材后加工生产线等。

（2）其他稀土应用产品项目，包括稀土锆及制品项目；高纯特种稀土氧化物系列产品技改项目；稀土荧光粉项目等。

11.4.4.2 产业链延伸的招商项目

产业链延伸的招商项目包括高性能烧结钕铁硼项目、高性能黏结钕铁硼项

目、三基色灯粉项目、贮氢合金粉项目、大功率永磁电机项目、微特永磁电机（手机、车用）项目、汽车尾气净化器项目、节能灯项目、Ni/H电池项目、电镀产业招商项目等。

11.5　赣州稀土产业发展政策支持

11.5.1　资源管理法律法规和政策

（1）稀土矿产资源管理的立法。市场经济是法治经济，相关经济法律法规的颁布，使职能部门在行业管理上有法可依，也能责成有关的政府部门担负起自己的责任，保证经济运行的正常和平稳；遏制无序的恶性竞争，行业内部的竞争，实现公平和有序，有利于行业的可持续发展。因此，稀土矿产资源的管理法规的出台，将会解决目前稀土行业管理上的混乱局面，使稀土矿开采秩序得到规范，对资源能进行合理开采，提高资源的保护度，提供稀土资源的利用率。同时，稀土矿产资源的管理法规的出台，也将有利于从源头上遏制稀土"黑色产业链"的供给。

（2）稀土收储、限产保价，做好供给侧改革。在2009年赣州市政府曾首开先河，为稀土收储专门出台文件并建立钨、稀土产品储备联席会议制度，对收储工作制订了严格的运作程序。为配合国家的收储，赣州稀土业也当继续遵循2009年市政府的"政府调控、协会组织、企业收储、银行贷款、财政扶持、市场运作"的引导方向，鼓励地方政府、银行以及稀土企业相互合作共同建立相关基金。在此基础上，不断研究稀土价格走势，重视"黑色"稀土产品给稀土市场带来的不良作用，在订立收储价格之前，应当以维持市场供求均衡、限产保价为目标，在计算收储成本时，将"守法"产生的成本、商储资金的相关成本和包装运输成本都计算到里面。

11.5.2　稀土产业组织政策

导致江西赣州稀土产业产能过剩，引发赣州稀土产业产品价格低迷的因素有以下几点：

一是政府宏观方面。赣州地区稀土产业管理混乱，涉及该产业管理有关的政府部分十分之多，主要有国土资源部、商务部、发改委、工信部、地方政府等众多部门。这些部门都对赣州稀土施行了一定的管理职能，但是由于部门之多使得关系复杂，而且众多部门之间没有统一协调，相互之间的利益时常产生矛盾，这导致了许多科学合理的政策无法得到真正落实。

二是企业个体方面。赣州稀土企业众多，大企业与大量小企业共存，在众多企业相互作用下，导致赣州稀土行业稀土定价混乱。更有甚者，许多小企业为了自己的短期利益，自律性不强，竞相降价竞争，从而导致稀土流通中出现了无序竞争的现象，损失大量利益。

因此，赣州稀土行业必须踏上企业整合的道路，才能有效控制赣州稀土价格，实现产业的可持续发展。具体措施有：

（1）整合重组赣州稀土矿山，优化行业秩序。赣州稀土企业应当优化治理结构，从而使采矿权人的权利和义务得到真正实施，矿山开采实现集约化和规模化，资源整合中更为先进的长效机制得到建立，矿山开采的环保要求得到真正提高；使当前不合生产经营规范的矿山得到清理，达不到环水保要求和资源回收率低的矿山受到淘汰，使矿山推广使用原地浸矿法和废除池浸以及堆浸法。

在此基础上，运用原矿加工分配的招投标方法体系，利用经济杠杆作用，使矿产品流向得到合理控制，以扶优限劣为目标，使不同档次的加工企业配置不同的原料。

（2）加速整合冶炼分离产业，合理调控初级产品。禁止冶炼分离项目的审批上马，使加工企业资源配额得到更有效的实施，限制小规模、低技术水平以及不环保的企业的发展。正确引导分离冶炼企业的发展，使其重组、优化、升级，向中下游产业方向延伸或引导其走集团发展之路。提升对铽、镝等分离冶炼产品元素的管理力度，努力寻求科学合理的稀土分离产品工艺和重点有价稀土元素的商业收储之路。

11.5.3 稀土产业布局政策

（1）资源县和中心城区分工协作，梯度发展。以全市"一盘棋"展开规划，抓好资源产地（县）和中心城区的产业布局。以资源县为基础，展开稀土原矿和分离冶炼布局，集中培育发展具有一定规模和产品档次的中上游产业；以赣州中心城区和市有色产业基地为核心，展开稀土深度加工、应用产业布局，重点发展起点高、附加值高、规模大的稀土中下游产业。

同时，以赣县、章贡区、赣州经济技术开发区为主体，侧重发展磁性材料、储氢材料及重稀土合金等深度加工应用产品；以定南、龙南、信丰、安远为主体，侧重发展稀土精细化冶炼、发光材料及其应用产品。实施两大板块错位发展，优势互补，逐步形成协同联动、利益共享的完整产业链和发展格局。

第一，中心城区产业布局：建立拥有巨大的产业辐射能力以及产业带动能力的中心城区，大力发展稀土深度加工业以及稀土应用产业。以赣县为待建中心城区的主要地区，将稀土产业布局规划放入中心城区，整合当前零散的稀土冶炼分离相关的企业，使各企业优劣得到互补，稀土冶炼分离量合理控制在每年4600t以下。中心城区发展的重点：一是开发或引进钕铁硼永磁材料、高磁能积、高耐热、钐钴合金项目；二是努力引进产业链下端先进技术以延伸产业链，同时引入资金重点开发新项目，如三基色荧光粉、白光 LED 荧光粉等材料项目；三是努力开发容量高、功率高的工艺产品，如储氢合金等，使赣州稀土产业的产品朝着系列化的方向发展；四是引入资金和技术努力对永磁电机、电光源等一系列产品进行研发。

第二，资源县产业布局：赣州各拥有稀土资源的资源县，要合理利用自身稀土资源特点及特色，努力使高技术、高效率、高水平、高环保的稀土分离冶炼企业得到更好更快发展。各稀土资源县应停止新建稀土分离企业，政府应积极促进引导现有企业，通过改建、兼并等途径，提高现有企业的技术水平、生产效率和环保水平，改善企业的各项经济指标，提升企业的市场竞争力。赣州龙南应当改扩建现有企业，使年分离规模低于 3000t，将发展的重点放在重稀土的分离加工、重稀土合金以及发光材料和稀土永磁材料上。定南、信丰、寻乌等地应当对原有稀土分离企业进行重组整合，努力发展出 3~4 家全分离的主要企业，以这些企业作为基础，大力开发磁性材料、发光材料的有关产品。全南和宁都不再新建稀土分离企业，对原有的稀土分离企业也不再改建或扩建，将着力点放在矿产规范开采上。全南县应在现有产业基础上，发展自己的特色稀土产业，即分离重稀土钬铒铥镱镥等、稀土综合回收利用以及以陶瓷应用产品为主的特色稀土加工业。

将年分离能力 1100t 以下的企业淘汰出市场，将赣州稀土的年冶炼分离能力控制在低于 1.4 万吨，使赣州稀土原矿产品被自我分离消化。

稀土矿山方面，在足洞矿区、河岭矿区、南桥矿区运用重组的方式组建两个大型矿山，同时用该大型矿山取代零零散散的采矿点。控制赣州稀土矿年产量在 1 万吨上下。在此基础上进行赣州全市的地质勘探作业，主要针对龙南、寻乌和定南三个稀土矿资源丰富的地区，进行全面的地质勘探作业，争取通过勘探获取五处以上可供建设大型矿山的后备矿产地，争取探明 10~11 万吨稀土基础储量，为赣州稀土产业持续发展做后盾。

第三，稀土工业园布局：在赣州市（中心城区）和龙南分别建立稀土工业园区，以市场机制和政策，合理引导稀土企业，尤其是精深加工企业，向工业园区集中，形成稀土产业的集聚效应，带动赣州稀土产业链的延伸与发展。同时合理规划该工业园区布局，解决赣州稀土工业原材料供给和需求的问题，建设赣州稀土产业发展的配套体系。

（2）建立利益共享机制，实现赣州市县稀土产业共同发展。努力建立及完善赣州稀土产业利益共享机制，使赣州稀土资源县与赣州稀土加工所在地，能实现真正利益共享，实施稀土资源县与稀土加工地区按比例分享财税政策，以各资源县及加工区共建稀土产业、共享利益为目标，合理调整资源分配，合理实施税收分成。

（3）政策引导，实现产业集聚及健康发展。赣州政府有关部门要借鉴国内外稀土产业发展的经验，结合当前世界稀土产业发展趋势，综合赣州稀土产业发展状况，来引导赣州稀土产业的发展方向，使赣州稀土朝着深加工和应用的方向进行发展。将稀土的深加工企业置入赣州有色产业基地，利用产业集聚效应，力争做强做大赣州稀土产业。同时严格控制赣州稀土企业以杜绝其产品趋同现象和低水平重复建设。

（4）建设配套体系的软环境。配套体系建设涉及：第一，搭建平台，即赣州稀土技术研发平台和稀土电子商务信息交流网站及平台；第二，设立中心，即研发、检测、交流中心和国家级稀土产品质检中心；第三，聚集生产要素，即以赣州经济技术开发区为核心地区，努力向国家争取稀土产业发展的有关项目资金，同时向国家寻求稀土产业的资金、开采、出口有关的支持，引导赣州稀土有关的技术、人才等资源向赣州有色基地聚拢，以产业集群效应带动赣州稀土产业发展。

11.5.4 稀土产业结构政策

赣州的稀土产业以资源丰富和易采、选、冶而著称，但产业链不长。从延伸产业链的角度看，赣州稀土产业的延伸方向是向产业链的下游延伸，即向产业的高端和多级延伸。

（1）利用自身优势，向高端、多极延伸稀土产业链。稀土产业的特征是随着产业链的延长产值剧增，产业链越长产值越高，从初级原料到终端产品，产值可翻几百倍。赣州稀土资源是最宝贵的中重稀土资源，其中铽、镝、铕、钇是赣州稀土中具有较强资源优势的元素，这些元素是制造高性能发光、磁性等材料不可或缺的原材料。赣州应当利用这一优势，努力促进产业链的延伸，推进产业向高端、多级发展。当前可供发展的产业链有：

第一，发展一条由储氢合金材料到镍氢电池及电动车的产业链；

第二，基于稀土永磁材料的永磁电机、电动车及信息产业的产业链；

第三，基于稀土发光材料的节能灯、彩显示和夜光标牌等的产业链。

（2）加强稀土资源有效配置：

第一，生产配额的使用，是提高稀土开采效率、矿山利用率和环水保水平的重要方法，同时该方法可以使生产混乱的矿区生产经营秩序受到制约和规范。也有利于资源的集约化和规模化开采，减少资源在开采过程中浪费现象。

第二，在原矿供给配置上，要向效益好、环保程度高、后期投资回报率高的企业倾斜，推动产业向精深加工方向发展，延伸下游产业链。

（3）招商引资实现产业高端切入。在行政管理上，将稀土深加工产业的招商引资，纳入赣州市招商引资的考核范围。在此，招商引资的途径：第一，可通过采矿权转让及采矿权入股的形式，吸引国内外业内优秀精深加工和应用产品的企业落户赣州；第二，现有赣州市稀土企业与国内外同类企业合作，发展稀土高端技术产品，从而使赣州稀土产业链得到延展，以此提高赣州稀土产业的国际竞争力。

（4）"走出去，引进来"，打造赣州稀土集散中心。全球除中国以外，目前发现有稀土资源的国家还有 24 个，因此，鼓励赣州市采选、加工企业，在可行论证的情况下"走出去"，到境外投资开采、冶炼甚至加工；或者以优惠的投资政策将生产要素"引进来"，将外地稀土产业各生产要素，如原矿、初级产品或中间产品吸引进入赣州，在赣州聚集，形成赣州离子型稀土集散中心。

（5）出口管制——非关税壁垒。自 2015 年我国稀土配额制度取消以后，为了控制稀土资源的出口，我国对稀土出口管理采取了实施许可证管理制度。关税壁垒一直是世贸组织在致力于要逐步取消的贸易壁垒。因此，作为世贸组织的成员，我们在限制出口方面，可以考虑使用非关税壁垒。"普瓦蒂埃海关效应"和实施绿色壁垒，都是可以用来有效控制稀土出口，防止稀土资源廉价外流的措施。

"普瓦蒂埃海关效应"是由法国运用非关税壁垒的方法限制日本录像机进口时产生的。20 世纪 80 年代法国为了减少日本录像机进口，法国政府规定国内所有从日本进口的录像机都必须从距法国港口数百英里的一个叫普瓦蒂埃（Potiers）的小镇的海关通过。海关人员不多，屋子非常窄小，这导致法国从日本进口的计算机数断崖式下落，由原来的每月进口 6 万余部减少为每月进口不到 1 万部。普瓦蒂埃海关效应若运用在我国稀土出口限制上，可以考虑指定专门的海关出口稀土，而不是国内任一海关都可办理稀土出口的报关手续，既可限制稀土的出口又便于稀土贸易的出口管理。

绿色壁垒是为了保护一国自身环境而对进口商品设置一定的指标要求，令进口商品受到相应的限制的一种技术性贸易壁垒。虽然绿色贸易壁垒是源于对进口贸易而制定的，但可以作为借鉴用，在本国稀土的出口贸易限制上，即为鼓励稀土深加工、精加工和应用产品的生产，限制稀土初级和部分中间产品的出口，目的是促进我国稀土企业向深加工、精加工、应用产品发展，促进我国稀土产业链的延伸，同时促进我国稀土产业走上可持续性发展的道路。

（6）鼓励外商投资政策。我国政府在 2015 年制定了《外商投资产业指导目录》，这份目录提出了我国只对外商投资深加工产品是持鼓励态度的。因此，在稀土行业，鼓励外商投资于系统的深加工、精加工以及应用领域，带动产业链向高端和多级延伸拓展。

（7）奖励稀土产业链的深度延伸。为鼓励优化产业结构调整，提升产品市场竞争力，对使用赣州市内稀土原材料生产的高端稀土钕铁硼（含毛坯）及稀土永磁电机，按销售收入的 5%~11% 进行奖励，奖励资金可由市本级财政和企业所在县（市、区）受益财政共同负担。

（8）拓宽融资渠道，降低融资成本。通过债券、信托、基金、租赁、新三板、创业板等金融衍生品的融资渠道，解决融资基本滞留在银行贷款单一渠道、大部分民营企业融资成本高且非常困难的问题。

11.5.5 稀土产业技术政策

稀土产业是技术密集型产业，技术水平对产业发展有着极为重要的作用。在当今世界，稀土所有深加工、精加工、应用的重要技术，如石油加工裂化催化剂技术、汽车尾气净化催化剂技术、精密陶瓷技术、高性能研磨抛光材料技术、超磁伸缩材料技术等，在我国基本是空白，而这些技术都被严格掌控在发达国家手里。发达国家对这些技术是严格控制输出转让，因此，国内的稀土产业技术开发任重而道远，政策的支持在此显得尤为重要。

（1）创新研发制度。在研发制度上可以打破行业界限，设立联合攻关制、委托制和招标制。从事稀土研究的高校、科研院所和企业，在科研资源禀赋上各具优势，即科研人员、科研设施、研究信息等具备要素上的优势，对产业中急需技术的研发，可以采取联合攻关制。对重点技术的研发，可以委托有实力的高校或科研院所攻关，或以招标的方式确定研究机构。

无论是联合攻关还是委托、招标，都需要由政府牵头和给予经费支持。在项目研究完成后，研究成果收归政府所有，并对其进行妥善管理，与此同时，项目承担者也可以分享该研究成果。

（2）加大资金投入，重点突破关键技术。对一些深加工、精加工和应用产品的技术，有针对性地进行联合攻关，重点突破，缩短与国外同类技术的差距，加快产业链向高端和多级延伸。

在科研方面的资金投入要有针对性地加大，一是基础技术研究，花费多、风险大而收效又很不明确，但基础研究是技术创新的基础，资金必须有保证；二是对行业共性技术的开发和创新，资金的支持可以保证工程化研究的顺利进行，也有利于关键技术的突破，推动产业的快速发展。

应选择急需的稀土高新技术、制约企业发展的技术瓶颈和与国外有较大差距的技术作为重点突破的关键技术。

（3）人才政策：众所周知，人才的匮乏势必导致竞争力的不足，特别是稀土产业链下方的高技术性稀土领域的人才更是捉襟见肘。人才政策上引进和培养要并举。赣州是欠发达地区，人才的引进不容易，可以考虑培养本土人才的方式来充实技术队伍。输送人才到境外掌握稀土高新技术的高校、研究机构或企业进修，有针对性地掌握重点突破技术，在短期内能学以致用，加快转型升级，提高核心竞争力。

　　对于高层次、急需人才的引进可以从以下几方面考虑：一是在生活上，放宽落户条件，对配偶、父母的户籍可同时落户；安置配偶的工作；满足子女就学要求；安置住房等，以解决人才的后顾之忧。二是在科研工作上，考虑转款建立实验室或给予科研启动经费5~30万元不等。三是在工作待遇上，无论是引进的还是企业现有的科技工作者，对有杰出贡献者，在职称评定上不受"名额"限制；允许以科研成果为股份参与企业入股分红。

参考文献

[1] 迈克尔·波特. 国家竞争优势 [M]. 北京：中信出版社，2012.

[2] 贾文龙，薛亚洲，吴强. 中国矿产地战略储备研究 [M]. 北京：科学出版社，2013.

[3] 《稀有金属应用》编写组. 稀有金属应用 [M]. 北京：冶金工业出版社，1984.

[4] 苏文清. 中国稀土产业经济分析与政策研究 [M]. 北京：中国财政经济出版社，2009.

[5] 王发展. 唐丽霞. 钨材料及其加工 [M]. 北京：冶金工业出版社，2008：512~514.

[6] 贾文龙，薛亚洲，吴强，等. 中国矿产地战略储备研究 [M]. 北京：科学出版社，2013.

[7] 稀有金属材料加工手册编写组. 稀有金属材料加工手册 [M]. 北京：冶金工业出版社，1983.

[8] 廖锦成. "后危机时代"河池有色金属产业转型与升级路径探讨 [J]. 中国经贸导刊，2010（23）：47.

[9] 颉茂华，果婕欣，杜凤莲. 2014—2020年中国稀土战略储备量研究——基于动态规划法视角 [J]. 资源与产业，2013（8）：10~16.

[10] 国务院. 国务院关于促进稀土行业持续健康发展的若干意见 [EB/OL]. 2011-05-19，2013-09-17.

[11] 杨斌清，张贤平. 我国稀土资源战略储备机制的构建 [J]. 江西社会科学，2012（2）：50~54.

[12] 宋扬，王瑞江，王登红，等. 我国压覆矿产资源"抢救性"开发策略研究 [J]. 资源与产业，2013，15（5）：56~60.

[13] 陶春. 中国稀土资源战略研究——以包头、赣州稀土资源产业发展为例 [D]. 北京：中国地质大学，2011.

[14] 张丽颖，鄢文博，曾昭志，等. 基于Malmquist指数的稀土资源竞争力指标体系构建及动态评价 [J]. 资源与产业，2012，14（5）：100~104.

[15] 任忠宝，余良晖. 稀土资源储备刻不容缓 [J]. 地球学报，2011，32（4）：507~512.

[16] 陈果. 稀土资源产业竞争力指标体系构建及动态评价 [D]. 北京：中国地质大学，2012.

[17] 董竞泽. 稀土价格决定与最优开采路径研究 [D]. 呼和浩特：内蒙古大学，2012.

[18] 余晶. 技术进步不确定下的稀土资源最优耗竭路径研究 [D]. 呼和浩特：内蒙古大学，2013.

[19] 宋金华，李娜. 我国实施稀土资源储备的现实困境与出路 [J]. 有色金属科学与工程，2012，3（6）：95~99.

[20] 张贞. 加强稀土管理的法律思考 [J]. 国土资源科技管理，2012，29（4）：108~112.

[21] 秦元元. 稀土资源有序开发法律规制研究 [D]. 新乡：河南师范大学，2013.

[22] 杨丹辉. 我国稀土产业发展战略与政策体系构建 [J]. 当代经济管理，2013（8）：66~71.

[23] 吴一丁，毛克贞. "稀土问题"及稀土产业的政策取向 [J]. 经济体制改革，2011（5）：170~173.

[24] 吴志军. 我国稀土产业可持续发展战略研究 [J]. 江西社会科学，2012（2）：42~49.

[25] 吴志军. 我国稀土产业政策的反思与研讨 [J]. 当代财经, 2012 (4)：90~100.

[26] 赖丹, 吴一丁. 我国稀土资源税费存在的问题与改革思路 [J]. 中国财政, 2012 (4)：46~48.

[27] 于立新, 汤婧. 我国稀土开发与出口战略对策研究 [J]. 国际贸易, 2012 (7)：24~29.

[28] 中华人民共和国国务院新闻办公室. 中国的稀土状况与政策白皮书 [R]. 2012-06-21.

[29] 任诗蕊. 包头稀土产业集群的供应链研究 [D]. 呼和浩特：内蒙古工业大学, 2009：25~26.

[30] 张鲁波. 中国稀土出口定价权研究 [D]. 北京：中国地质大学 (北京), 2010：18~19.

[31] 安忠梅. 包钢稀土高科核心竞争力评测和提升研究 [D]. 包头：内蒙古科技大学, 2011：26~29.

[32] 张晓青. 跨国公司强强联合协调供给的博弈论证 [J]. 中国市场, 2008 (3)：84~85.

[33] 张晓青, 毛克贞. 基于静态和动态纳什均衡的我国稀土出口价格分析 [J]. 有色金属科学与工程, 2012 (8)：91~93.

[34] 程建忠. 中国稀土资源开采现状及发展趋势 [J]. 稀土, 2010, 31 (2)：65~68.

[35] 梁婧妹, 马明. 稀土产业竞相压价现状调查及分析 [J]. 稀土信息, 2010, (6)：5~9.

[36] 周喜, 韩晓英. 我国稀土产业现状及发展趋势 (上) [J]. 稀土, 2010, 31 (5)：96~101.

[37] 周喜, 韩晓英. 我国稀土产业现状及发展趋势 (下) [J]. 稀土, 2010, 31 (5)：78~80.

[38] 陈懿等. 资源型企业核心竞争力评价研究 [J]. 金属矿山, 2007 (7)：31~38.

[39] 房丛卉, 李莹莹. 基于层次分析法的钨矿资源综合竞争力评价 [J]. 资源与产业, 2010, 12 (2)：46~50.

[40] 袁博, 王国平, 李钟山, 等. 我国稀土资源储备战略思考 [J]. 中国矿业, 2014 (3)：28~30, 48.

[41] 中华人民共和国国务院新闻办公室. 中国的稀土状况与政策 [M]. 北京：人民出版社, 2012.

[42] 中华人民共和国国务院. 国务院关于促进稀土行业持续健康发展的若干意见 (国发 [2011] 12 号) [EB/OL]. http://www.gov.cn/zwgk/2011/05/19content_ 1866997. htm, 2011-05-19/2014-08-20.

[43] 王克强, 俞虹. 美、日两国矿产资源储备机制对我国的启示 [J]. 经济体制改革, 2011 (5)：142~146.

[44] 冯进城. 浅析我国金属矿产资源储备体系的构建 [J]. 企业改革与发展理论月刊, 2010 (12)：164~167.

[45] 王晓雪. 建立我国矿产资源战略基地储备制度 [J]. 财政研究, 2009 (10)：51~53.

[46] 田广民, 赵永庆, 邓炬, 等. 稀有金属材料加工技术进展 [J]. 热加工工艺, 2013 (1)：98~101.

[47] 吴艳芳, 王亚萍. 环境税促进稀土产业持续健康发展 [J]. 财会月刊, 2012 (9)：32~34.

[48] 王增强. 高性能航空发动机制造技术及其发展趋势 [J]. 航空制造技术, 2007 (1)：

52~55.

[49] 王鼎春, 夏耀勤. 国内钨及钨合金的研究新进展 [J]. 中国钨业, 2001, 16 (5): 91~95.

[50] 郑欣, 白润. 航天航空用难熔金属材料的研究进展 [J]. 稀有金属材料与工程, 2011, 40 (10): 1871~1875.

[51] Yang Yufeng, Tang Yuanchun. 中国钨丝行业的现状及发展趋势 [J]. 中国照明电器, 2008, (4): 1~5.

[52] 李鹏飞, 杨丹辉, 渠慎宁, 等. 稀有矿产资源的战略性评估——基于战略性新兴产业发展的视角 [J]. 中国工业经济, 2014 (7): 44~57.

[53] 任忠宝, 余良晖. 稀土资源储备刻不容缓 [J]. 地球学报, 2011, 32 (4): 507~512.

[54] 国家发展与改革委员会. 中国稀土——2011 [R]. 2012.

[55] 周镕基, 皮上玉. 现代产业集群: 金融危机下有色金属产业发展的路径选择 [J]. 改革与战略, 2010 (1): 114~117.

[56] 马苗卉. 中国稀土资源储备研究 [J]. 中国矿业, 2015 (10): 12~15.

[57] 薛亚洲, 贾文龙, 余良晖, 等. 中国矿产地战略储备方案研究 [J]. 矿业研究与开发, 2010 (2): 109~112.

[58] 徐凌云. 我国战略性矿产资源储备若干问题研究 [D]. 北京: 中国地质大学 (北京), 2008.

[59] 陈其慎, 于汶加, 张艳飞, 等. 关于加强我国矿产资源储备工作的思考 [J]. 中国矿业, 2015, 24 (1): 20~23.

[60] 许巍. 生态文明视角下矿产资源管理机制创新设计研究 [J]. 理论月刊, 2015 (2): 123~128.

[61] 高天明, 于汶加, 沈镭. 中国优势矿业资源管理政策新导向 [J]. 资源科学, 2015, 37 (5): 908~914.

[62] 杨斌清, 张贤平. 基于储采比分析的中国稀土矿种储备选择研究 [J]. 中国稀土学报, 2013 (6): 762~768.

[63] 蒋丽娟, 李来平, 张文钲. 2013 年钼业年评 [J]. 中国钼业, 2014 (2): 1~6.

[64] 蒋丽娟, 李来平, 姚云芳, 等. 2014 年钼业年评 [J]. 中国钼业, 2015 (2): 1~7.

[65] 张文钲, 刘燕. 德国钼业的创新与发展 [J]. 中国钼业, 2014 (2): 10~14.

[66] 王德志. 金融危机下中国钼加工业发展的思考 [J]. 中国钼业, 2010 (2): 1~5.

[67] 徐乐, 王建平, 余德彪, 等. 我国钼资源产业现状及可持续开发建议 [J]. 资源与产业, 2015 (6): 32~38.

[68] 杜科让. 我国钼矿资源开采利用现状及存在的问题分析 [J]. 科技资讯, 2011 (19): 148.

[69] 李来平, 张文钲. 我国钼资源开发现状与展望 [C]. 北京: 2010 中国矿业科技大会论文集, 2010.

[70] USGS. 2004—2014 钼业统计数据 [EB/OL]. http://minerals.usgs.gov/minerals/pubs/mcs/, 2014-02-28/2015-04-30.

[71] 王京彬, 邹滔, 王玉往, 等. 中国钼多金属矿床的组合类型、成矿作用、成矿谱系[J].

矿床地质，2014，33（3）：447~470.

[72] 黄凡，陈毓川，王登红，等.中国钼矿主要矿集区及其资源潜力探讨［J］.中国地质，2011，38（5）：1111~1134.

[73] 王敏.2013年全球钼市场评述［J］.中国钼业，2014，38（1）：54~59.

[74] 杨少杰.钼企业应关注我国钢铁工业发展趋势对钼消费市场的影响［J］.中国钼业，2012，36（4）：6~8.

[75] 王玉峰，王建平，戚开静，等.中国钼产业国际地位的变化及可持续发展建议［J］.中国矿业，2011，20（9）：9~12.

[76] 吴海瀛.2013年国际钼市场走势及近期估计［J］.中国钼业，2014，38（3）：51~58.

[77] 张延凯，胡乃郑，徐国伟，等.某钼矿开采境界优化研究［J］.中国矿业，2012，21（10）：84~87.

[78] 李琳，吕宪俊，栗鹏.钼矿选矿工艺发展现状［J］.中国矿业，2012，21（2）：99~103.

[79] 张庆.钼产业升级路在何方［J］.中国金属通报，2011（30）：16~20.

[80] 闫兴虎.中国钼矿资源开发问题分析及对策［J］.中国矿业，2013，22（10）：16~18.

[81] 丁海洋，阴秀琦，胡建中，等.加强钼资源宏观调控，限产保价提高话语权［J］.中国国土资源经济，2013（11）：40~42.

[82] 张文朴.加强钼资源综合利用和再生研发促进我国生态钼业建设［J］.中国钼业，2010，34（2）：13~17.

[83] 余良辉，薛亚洲，贾文龙，等.矿产地战略储备规模研究［J］.资源与产业，2012，14（5）：18~23.

[84] 范子恒，周晓彤，汤玉和.钼矿选矿工艺和药剂浅析［J］.材料研究与运用，2013，7（1）：1~5.

[85] 程宝成，李永峰，谢克家，等.河南省钼矿资源特征、开发现状及产业发展对策［J］.资源与产业，2014，16（1）：66~70.

[86] 文昱，冯金强.我国钨业发展现状与展望［J］.科技广场，2014（4）：224~227.

[87] 祝修盛.2012年我国钨品进出口分析［J］.中国金属通报，2013，（6）：31~33.

[88] 宋振国，孙传尧，王中明，等.中国钨矿选矿工艺现状及展望［J］.矿冶，2011（3）：1~7，19.

[89] Bilsborough S. The Strategic Implications of China's Rare Earths Policy［J］. Journal of Strategic Security，2012，5（3）：1~12.

[90] Leslie H L, Simon J D S, Mark W, et al. Contrasting Perspectives on China's Rare Earths Policies：Reframing the Debate through a Stakeholder Lens［J］. Energy Policy，2013，63：55~68.

[91] USGS. Mineral Commodity Summaries［EB/OL］.
http：//minerals. usgs. gov/minerals/pubs/mcs/2013/mcs2013. pdf.

[92] PorterM E. Clusters and NewEconomics of Competition［J］. Harvard Business Review，1998（11）：77~91.

[93] Selton R. A Simple Model of Imperfect Competition Where 4 Are Few and 6 Are Many［J］. In-

ternational Journal of Game Theory, 1973, 2: 141~201.

［94］中国工业统计年鉴，2015.

［95］江西省统计年鉴，2015.

［96］赣州市统计年鉴，2015.

［97］中华人民共和国国土资源部网站.

［98］中华人民共和国工业和信息化部网站.

［99］2014 国民经济和社会发展统计公报.

［100］http：//bbs. pinggu. org.

［101］http：//www. cre. net.

［102］http：//new. gf. com. cn/.

［103］http：//www. chinabgao. com/.

［104］http：//www. tungstencity. com/.